三过

幽谷

施芬德／耳德华 合著

Thrice Through the Valley

Valetta Steel Crumley
with Ed Erny

三过幽谷

Thrice Through the Valley
(简体版 Simplified Script Version)

原　著 Author：柯施芬德Valletta Steel Crumley
　　　　　　　耳德华 Ed Erny

译　者 Translator：蔡丽娟

出版者 Publisher：基督使者协会 AFC

出版日期 Date：2004年9月

国际编号 ISBN：1-882324-27-7

发行处 Distributor：

AFC, Chinese Simplified Script Literature Dept.

P. O. Box 280, Paradise, PA 17562-0280, USA

电话 Phone: 717-687-0506

传真 Fax : 717-687-8891

Toll Free: 888-462-5481(美国境内免费电话 Toll Free in USA Only)

简 体 版 序

　　婚后短短十数寒暑中，作者经历接二连三的惨痛失落。癌病绝症先后夺走她挚爱的小儿子，及事业日正当中的丈夫；几年后，一场车祸又将她那一对十几岁充满朝气的儿、女一起掠走。后来，在台湾宣教时，还经历一次被强暴的惊恐与羞耻。施芬德，这位平凡的女性，在书中坦承她痛不欲生的哀伤和孤单寂寞的心境。然而，在与她相识的十八年的岁月里，从不见她有一丝苦毒和怨恨。为什么她能积极地活着？无私地爱人和服事人？本书告诉你答案。原来这位平凡的女性，有一位非凡的神，在每一个悲剧的幽谷中与她同行，他的爱无微不至，使她在失去心爱的亲人；饱尝创痛之后，仍能觉得"整个世界洋溢着爱"。

　　此书感人至深，将让你看到神奇异的恩典如何为"苦难"作了新的诠释。

张琴惠

研究院学生辅导主任兼专任教师

增订版序

芬德是我们非常敬仰的一位姊妹。她克服了许多在奉献心志上不如她坚强的人难以胜过的试炼和困难。她的故事告诉我们,只要在基督里全然信靠祂,我们凡事都可以胜过;她是个活生生的例子。

这本书会是最感动你的一本书,它必能激励你,使你与主同行,更加进深亲密。

彭蒙惠

一九九七年二月十九日

(救世传播协会、空中英语教室创办人兼国际总会长)

前　言

　　我曾经多次分析悲剧的现象——有时是在刹那间，有时只因一件事，或只是一句话，就足以永远改变一个人的世界。我绞尽心思想要了解，但又抗拒；理性所坚持的事实，内心却怎么也不肯接受。然后，慢慢地，已知的事实由麻木的脑子开始渗入心中，带来另一种瘫痪。这时候，我的意识也会有模糊恼人的罪恶感。为什么是我？为什么是我们？我到底做错了什么？是不是有些事是我们该做却没有做？是上帝在惩罚我们吗？

目 录

施丹尼（长子）2岁，
生于1952年，逝于1955年

施罗娜（长女）15岁，
生于1956年，逝于1972年

施汉立 牧师
生于1930年，逝于1963年

施里昂（次子）17岁，
生于1954年，逝于1972年

芬德的新家庭：先生、孩子、孩子的配偶，以及孙儿女
摄于2002年12月

芬德和柯孟礼医生　　　摄于2000年

芬德的兄长、妹妹以及他们的家人、母亲史雅玲年88岁
摄于1994年芬德和柯孟礼医生的婚礼。

132个各国青年代表齐聚台港，进行‘向亚洲传福音’行动

第一章
幽谷临到

回想起那一天：我努力在记忆里搜寻那一天的情景。

那是一个和平常没两样的冬日。二月迷朦朦的太阳，徐缓地照射着漫无生气的大地，不带一丝暖意。我在餐桌前坐下来，一眼瞧见十五岁的女儿罗娜正急躁地梳着那头浓密的金发。

她顺手抓起一件栗色的外套往肩上一带，喊一声："妈，再见。"就急忙出门赶校车去了，那天是星期五。

快中午的时候，一切日常作息仍如往常一般。在宣教会办公室里，我正坐在桌前赶着星期一早上要出刊的新闻稿。

电话响了，是我十七岁的儿子里昂打来的。他在伊利诺州格林威尔镇的一所大学念一年级。

"妈，"他一开口就是兴奋的口吻，"您今天下午来接我，好吗？我们的演唱会取消了，我很想回家。"

"那太好了，里昂。"我答道。听到他低沉成熟的声音，心中不觉有一股暖意。他的确长大了，有满脑子的计划和梦想，喜欢高谈阔论，接受挑战。在家里他取代了父亲一家之主的地位，我们母子间的关系也越来越深厚了。

"你能回来过周末真是太好了，什么时候来接你？"

三个礼拜前，里昂才刚收拾几箱衣物和他所有的宝贝收藏，动身前往格林威尔学院念书。那是一所教会学校，位于伊利诺州南部宽阔的平原上。

他才十七岁就完成了高中教育，今年初以优异的成绩毕业。整个夏天，他像站在起跑线前的骏马，蹄子频频不耐地磨蹭着跑道。"大学生活一定很棒，我不必想就知道。"

他第一次打电话回家，就告诉我他已经应邀加入学校的一个合唱团。

"合唱团的名字叫改造者。"他解释道，"那是很棒的一群人，我能受邀加入，真是一大荣幸。我们要用周末时间到学校外面去传福音。"

我在中午离开了办公室，坐上我那部蓝色旅行车的驾驶座，悠哉悠哉地驶上车水马龙的31号高速公路，朝着印地安那波勒斯市中心开去。沿途经过了那些熟悉的郊区路标：有购物中心、西尔斯百货、庞德罗莎餐厅、汉堡王。

下了纵向公路，我很快就上了70号州际公路，朝西疾驶而去。在我眼前伸展的公路，就像灰色的切割器一般，切割着一望无际的玉米田和谷仓林立的印地安纳州城镇，这些地方每到星期五晚上，篮球热一开始，就像变魔术似地充满了生机。

在下了州际公路转进冷清清的格林威尔村时，已是午后了，天气也渐转冷。顺着厚实的砖屋及规划整齐的街道，一路下去就是格林威尔学院的校园了。

车子转入停车场后，我熄了火，心中正犹豫着不知该从哪里开始去找里昂；还来不及推开车门，里昂就已出现眼前。我抬头望着他那一百八十公分高的身材，心中真是引以为傲。他咧嘴笑着，露出一口整齐的白牙，一双温柔的蓝眼珠，我留意到他也有新冒出来的胡须。

他一开口便说："妈，上来看看我的房间。您一定要见见我的几个教授，我们甚至已经预备好在宿舍里为您开个茶会呢！对了，妈，我还做了一件事，希望你不要介意。"

"什么事？"

"我邀请了我们合唱团的团长裴克来家里度周末，可以吗？"

到我们要离开格林威尔时，车上又多了三个乘客，都是要搭便车回印地安那波勒斯的学生。

"妈，让我来开车，好不好？"里昂问道。

"好吧。"我说："可是要小心，开始下雨了。"里昂拿到驾驶执照已经一年了，开车技术一向高明。我退到驾驶座旁，让他主掌方向盘。快到印地安那波勒斯时，州际公路上挤满了度周末的车潮。在渐浓的暮色里，汽车的尾灯染着一潭的红，在前面的公路上荡漾着。天气越来越冷了，轮胎在地上磨擦，不时发出轮动的响声；挡风玻璃上的雨刷也奋力舞出有节奏的拍子，几乎和劈里啪啦落下的雨应和着。

"里昂，千万小心一点。"望着沿途篱笆上，雨水闪烁着晶莹的光芒，我不觉脱口说道。

印地安那波勒斯市在低厚的云层下，只投射出半球形的灯光。在郊区，搭便车的学生们在寒雨中陆续下了车。我们便往南奔驰而去，进入绿木市的郊区。远远地就瞧见突出的格子状招牌，上有"远东宣教会"的字样，那就是进入远东宣教会总会区的入口。我的家在那里，我工作的地方也在那里。不一会儿，车灯就照在我们那幢巨大的白色公寓建筑上了，而它正展现着欢迎我们的笑容。

"里昂，你回来了呀！"罗娜猛地拉开前门尖叫着。一时之间，她看起来比实际的十五岁要大。细致的皮肤、漂亮的金发，和那足足高她一个头，肤色黝黑的哥哥，形成了很强烈的对比。

当里昂介绍来家里度周末的客人（也就是他的朋友裴克）时，我注意到罗娜的脸上露出苦恼的神色。马上她就扯扯我的袖子，把我拉进厨房。"妈，"她委屈地说："您没告诉我家里有客人要来。不知道我做的饭够不够，怎么办？"

"不会有问题的，乖女儿，"我安抚着她，"饭一定够，我吃得不多。"

罗娜摆出了她的杰作：一盘印度咖哩，还有沙拉和蔬菜。我们坐了下来，低头谢过饭，就吃了起来。

罗娜瞥了正在细细品味的哥哥一眼。

"你不喜欢，对不对？我一看就知道。"

"不，不，我真的喜欢，很好吃。"

"才不，"她又说："我看得出来，你根本不喜欢。"

这对话弥漫着舒适和熟稔，里昂在家真好。

吃过晚饭之后，里昂说他和裴克要开车去看女朋友葳若。

"罗娜，你要不要一起去？"

不得了，居然邀请少不更事的小妹妹一起去！大学生活真是把他调教成一个真正的绅士。

"妈，请放心，"里昂的声音从房里传了出来，"我们只是去打一、两局保龄球，很快就回来，不会待太久的。"

车子滑入漆黑的夜色中，天还在下着雨，气温似乎更低了，温度滑落得很快。

在那个改变人一生的日子里，却发生了一些再平凡不过的事；这似乎很不协调。平淡的二月天，太阳由地平线升起、办公室里惯常的对话、电话铃声、车门猛关声、亲切招呼声、阴沉下着的雨，和"里昂，我知道你根本不喜欢。"

不，回顾那些属世生活中最后的宝贵时刻，我还是不能明白那幽谷怎能如此就临到，事先应该有征兆和温和的警告的。

半个小时后，门铃响了。我起身走到门口，门外是一位身着蓝色制服的警官，我觉得很讶异。

"请问您是史提尔太太吗？"他缓缓地开了口，似乎努力在寻索着合适的字句。或许以前他就讲过这番话，现在又熟悉地背下了每个字？我不敢确定。

"是的，我就是。"

"外面天气越来越冷，雨水都结成冰了。37号公路上刚刚发生了一起车祸。我感到很遗憾！但不得不通知您：您的孩子和他们的朋友都不幸丧生了。"

骤然间，我觉得自己宛如从高高的悬崖上堕入波涛汹涌的怒海。我的脑海中不觉浮起幻象：里昂和罗娜在生死攸关的刹那，车子因路滑而失灵。然后，金属压落在他们柔软的身体上，发出碎裂的声音。我受不了了！那夺去他们性命的车祸，现在也大可夺走我的。

就在那一刹那，我感到自己落入圣灵强而有力的膀臂中，我被提了起来，越过寒冬的树林，甜美、稳妥地进到我慈爱的天父面前。带着一股超乎本能地沉静，我听见自己在说："警官先生，我知道他们现今在那里，他们是和上帝在一起。"

紧接着电话来了，朋友们的慰问、鲜花、"丧葬事宜"，最后就是长长的一列车队，迈向我所熟悉的那一小块墓地和那新挖的一杯土。我又再次走过幽谷，这痛苦的情节，我太熟悉了。但是，就在死亡黑暗阴郁的面容里，却不断涌现出大能慈爱的天父所赐下甜美的力量。祂的爱如大浪袭来，冲洗了我那破碎、滴着血的心，再一次把新的安慰赐给我。

"我虽然行过死阴的幽谷，也不怕遭害，因为你与我同在。"（诗廿三：4）是的，又是那幽谷，我对它太熟悉了。它会突然临到，可能是一个电话、一声敲门声、一个带来噩耗的人，或一句话。第一个幽谷临到时，那是一个名词，叫做"白血球过多症"。

第二章
苦难的熬炼

一九五二年九月二日，有个男婴出生，我们给他取名叫丹尼。丹尼出生的时候我十九岁，汉立和我刚结婚一年多，当待产中的母亲们梦想着他们头胎的孩子，在脑海里编织一个理想婴儿的模样时，我想全美国有一半以上的母亲都会期盼有像丹尼这样的孩子。

他是一个胖嘟嘟的小家伙，出生时就有一头金发，大大的蓝眼珠，天真无邪的性格。他洋溢着笑声，知足又快乐。只要和他相遇，每一种生物都会成为他的朋友。他两岁的时候，我们的家乡密西根州的秀梧镇，已非正式地公认丹尼是我们全镇的福星。他是小镇街坊邻居所熟悉的标志，常戴着一顶压得低低的大牛仔帽，晃呀晃的臀部上挂着一对手枪。几乎在每个周间早晨，你都可以看到他跟在父亲身边到邮局去。他叫得出小镇上很多人的名字，不论是熟人或陌生人，他都张开小嘴，口里发出童稚的话语，和他们打招呼。"嗨，叔叔！""嗨，丹尼，我们的双枪侠今天如何？"汉立用充满惊奇和不可置信的眼光看着他头胎儿子，以近乎敬畏的口吻呼叫"我儿"。这是他很少从自己的父亲口中听到的字眼，只有在他父亲生气或不悦时才会听到。我也一样，心中渴望着自己能成为最温和、最有爱心的母亲。

其实我的母亲并不是一个严厉冷漠的妇人，但是她生在经济困苦的时代，在一个感情和冲突都深藏不露的家庭里长大，几乎没有时间玩乐。沿着盖瑞南部洛尔镇外围的41号公路开着车，我还依稀记得那老旧、生了锈的风车和哈伯林家外面竖立的路碑。那是母亲祖传三代所经营的农场，占地二百英亩，就在这块农场上，她的祖先曾洒下无数血汗，只求活口。那是个经济不景气的时代。我的父母亲在一九三〇年相偕出走，三年后，在世界经济大恐慌最严重的当时，我出生了。

我相信母亲一定以她自己的方式来爱我们。然而"我爱你"三个字从不曾自她的口中说出来。她不善于表达自己的感情。当父亲用结实粗壮的手拥着瘦削的她时，她总是羞涩地推开他的手。

孩子一个接一个的出世。我比亚瑟晚两年出生，接着是莉莉，她是我最要好的朋友和知己，接下来是尤金、洛林、爱伦和迈文。

一到早上上学时，我们家上上下下就像在操练令人精神崩裂的演习。饱受煎熬、眉头深锁的母亲，就像一个管弦乐团的编曲家那样，编着一段紧张刺激的舞台剧。她指挥着一屋子毛躁不安的小毛头，按部就班进行每天该做的事：穿衣服、盥洗、吃早点，最后终于挤上校车。由远而近驶来的校车，在她心目中，就像一部世界末日的机器，专来证明她不是一个称职的母亲。每天早上总会有些不愉快的小事，日复一日，而我每次都是筋疲力竭地爬上黄色的校车。

母亲的一生，似乎都在为维持这个家而奋斗。偶尔她仍会忆起自己想成为学校教师的梦想；但是她还是忠实地把心思放在一天做三餐和永远也洗不完的衣服上。单调、操劳的家事使她满脸焦虑、郁郁寡欢。

十六岁时，我就发现自己渴望离开家。母亲的重担现在成了我的重担，太大的重担。对这个我无法倾诉、又不能了解的母亲，我觉得受压制、不自在。从她身上，我感受不到爱。我曾想过要以这一生来服事上帝，只是不知道谁能帮助我。

在成长的岁月中，如果说母亲是冷淡和漠然的话，那么父亲则像怒海中温暖安全的避风港。他并不完美，他也有小心眼和严格的时候，但是他对上帝却很敬虔。他热爱生命，正直不阿，认识他的人都敬佩他。然而在父亲心里，他是一个流浪汉，他的流浪细胞是与生俱来的。祖父本是密西根州山地内部的农夫，他传承着吉卜赛人那种放荡不羁的血统，到任何地方都只是短暂逗留，从来不曾落地生根。单单在小学教育，父亲就换过十五间学校。他传给我们史帝文生一家的，总是在野外猎野狗、豪猪等英勇事迹。多年以后仍有人提到"史帝文生那一家子，若不信教，恐怕落得酒鬼的下场。"

在经济不景气刚开始的时候，父亲接受姑妈的邀请，到印地安那州去。姑妈嫁给了一个名叫李瑞时的年轻牧师。他是在一个家庭祷告会中，认识了母亲。结婚以后，他们搬到俄亥俄州的特里多市，那时父亲就开始找工作。那是一九三〇年代一般凄凉的景象。偶然听说有一个叫奥托来特的公司来招工，他就急忙跑到这家公司去。只见一条长龙早就排满了上百个和他一样迫切希望找工作的人。到了晚上七点半，所有的人都大失所望的回家，就只有两个人留下来被录取了，父亲就是其中的一位。

　　在奥托来特公司里，父亲是个既胜任愉快又值得信赖的工人。后来他不仅把祖父遗留下来积累如山的债务慢慢还清，也为妻子盖了一幢小小的房子。他对妻子存钱的能力颇感惊讶；因为在他家里从没听说有谁存过钱。当工会用强硬的手段介入工厂，要求所有的工人入会时，父亲竟持反抗的态度。他绝不和工会的处事方式、喝酒宴乐、粗鄙行径的人扯上关系。不论朋友怎么好言相劝，他丝毫不为所动。一说到良心问题，不需要任何人说什么，他都坚信不疑，毫不踌躇。也正因如此，他被工会列入黑名单，错失好多次升迁的机会。

　　在我七岁那年，我们搬到靠近密西根州天普伦斯市一个廿二英亩大的小型农场。父亲扩建整修了农场的房子，好容纳我们日益增大的家庭。屋后的走廊围了起来，盖成祖母住的地方。祖母在世时，常来和我们同住。

　　当我们农场的住屋落成后，父亲也开始盖起其它的房子来，最后他拿到了房屋承包商的执照。父亲也有强硬的一面，我们家的孩子不曾有过零用钱，每一分钱都靠自己来赚取，就连家里的车子，用起来也需精打细算。但是父亲给我们的自主权，却相当令人惊奇。虽然我不认为父亲曾念过儿童心理学方面的书，但是他却把纯正的观念灌输给我们，他真是个天才。他把对上帝全然的敬畏教给了我们，甚至到他不必再拿自己的规条来管教我们的地步。

　　他以身作则，使今天七个孩子全过着结好果子的基督徒的生活。其中我和我妹妹莉莉是宣教士，我的弟弟尤金和迈文是牧师。

　　通常父亲看起来总是快乐又亲切。但是他绝不容自己的权威受到忽视和挑衅。有一个夏日午后，在谷仓后面的马铃薯田里，我就得了一个教训。那时全家人都在田里工作，我也弯着腰在田里挖马铃薯。当我疲惫不堪又对挖马铃薯失去兴趣时，我就溜到一边去玩。当父亲要我收心工作时，我却说自己有其它的计划。忽然他霍地一声站了起来，大步走到旁边的一棵树下，顺手做了一条鞭子。眼看着严厉的惩罚当头，我急忙跑回田里，开始勤快地挖起土来。这个教训我永远记得，孩子从言出必行的父亲身上，往往较能得到安全感。

但最重要的一件事是，父亲的信心和爱心成了我青年时代的引导。他年轻时，家住在特里多。那时有人邀他去一个小教会参加一个奋兴会。在这个小教会里，牧师通常会请还没信主的人（罪人）到前面祭坛前跪下来，为要"与上帝和好"。牧师在邀请时，父亲原来很想到前面去，但是由于害羞和胆怯，他打消了主意。后来，有人表示愿意陪他出去，就在那天晚上，父亲请耶稣进入他的生命中。他后来总爱回忆当时："那天晚上当我走回家时，天上的星星比往常更加明亮耀眼。我有一种前所未有的平安，连那些桥都好象在唱歌。"当他把这件事告诉家人时，所得的响应是意料中的："佐佐信了教……"他们捧腹大笑，但是他没有和他们起争论。他的生命有了彻底的改变，他真是重生了。后来他的双亲、姊妹和三个兄弟也都信了耶稣。

父亲加入当地教会，成了忠实的会友，也就是大家所谓会众中的"支柱"。我们家常有家庭礼拜。每天吃过晚饭，父亲就拿出他那本老旧的皮面大《圣经》，然后我们一个一个出声祷告，最后父亲领着我们用主祷文做结束。父亲祷告时总是用对话方式，向他的主说话。

当我十二岁时，我心中受到感动要把自己完全交托给上帝。献身的那一刻，并不是在教会的崇拜中，而是

11

在房里安静的时候。我跪在床边的油毡地板上，把所有能想起的罪都认了，然后请耶稣进入我的心中。由于这过程非但没有一点我预期中的激动情绪出现，也一点都不像父亲信主的过程，因此，有几年的时间我都心存怀疑。

我是个基督徒吗？应该是。我爱主，我已尽我所能把该做的事做了。但是我盼望能和人分享这信仰，也许母亲可以吧！可是她有她自己信仰的方式。我相信她的信心是真实的，可是她却从来不谈她信仰的事。在众人面前祷告时，她总是轻声细语、怯生生地，好象怕人听到会提出问题，或用责难的眼光看穿她内心似的。

但是有些事母亲则会侃侃而谈。例如节流之道就是其一。节流，在当时成为一般人的生活方式。在经济不景气的时代，有许多美国人都必须克勤克俭地过日子，母亲也一样，从来不任意花一毛钱。例如"衣服有几件够穿就好，为什么要多呢？"她会这样问。只要可以遮体、款式合宜就够了。她常常告诉我们，在她当小姐的时候，一直只有两件衣服换着穿。

衣服的问题一向就是我的痛处，并不是我需要多些或好一点的衣服；但是使我感到困扰的是，我常常得穿那些和班上同学大不相同的衣服，例如褐色长袜。

"我们当中不要再看到有人露出赤裸的腿。"父亲告诫着。

"可是，爸！"我泪眼汪汪地抗议；"在我们学校里没有人像我一样穿著这些既难看又老旧的长袜，我不喜欢穿。"

"没错，可是现在是冬天，穿著对你只有好处。"

"可是，"我哀求着："当别人都穿著工作服去上班时，你怎么能穿大礼服去呢？"

　　显然我的逻辑和眼泪打动了他。事实证明，他比我想象中还明理。但是处在那种民风闭塞又偏僻的环境，再加上和母亲情感上的疏离，我变得越来越沮丧。

　　我渴望远走高飞，到外地去念书。国中三年级时，有一天一个外地诗班来到我们的教会。他们是一个规模不大的基督教学校的学生，有高中部的，也有专科部的。我就趁这个机会向父亲提出请求。"爸，"我说："我想到春树镇去上学，我真的想去。"令我吃惊的是母亲居然没有反对，而父亲也似乎很高兴。我想可能是因为他的姊妹朵茜就是那个学校毕业的，后来她嫁给了一位牧师。

　　所以，后来我就在密西根州春树镇上一所基督教高中念高一。就在那里我认识了施汉立，一个瘦削又独特的年轻人。他虽然嗓门大又不太有礼貌，然而却散发了一股魅力。他充满自信的风度，使我连想起父亲。因此也吸引着我。那时汉立高三。

　　三年之后，我念完专科一年级时，汉立也从专科部毕了业，于是我们就结婚。

　　在经济来源耗竭，又无望由家庭得到支持之下，我们决定搬到天普伦斯去。在那里工作一年，存够钱让汉立继续念大学。我们买了一辆小小的拖车房子，我在特里多一家制造喷雾器的工厂，找到一份秘书的工作，汉立则在威利公司上班，另外帮助父亲做建筑包工，也在我们教会里担任青年部的牧师。当时我们教会的牧师是一个充满活力的年轻人，我们谁也没料到在往后人生的旅程中，他扮演着一个关键性的角色。

　　翌年年初，我发现自己怀孕了。到了夏天，教会议会监督请汉立负责牧养在密西根州秀梧镇的一个小教会。经过多次祷告后，汉立接受了。至少就目前而言，他的大学学业还得缓一缓。

汉立第一次开车载我到秀梧镇，是九月的时候。这个小镇位于巴特克里镇和贾克森镇的中点，曾经是富庶的工业中心，工厂林立。镇上有一所高中，一火车站，还有一所大学。但是秀梧镇没有跟上时代变迁的脚步，于是退化成一个冷清的村子。巨大的橡树林，浓密的枝叶厚厚围住了一村的宁静。我们开车经过一个老先生身旁，他正蹒跚地走在那遭人遗弃的大街上。他似乎象征了这个已被大多数人遗忘的小村：老旧、疲乏、并且穷途末路。

在大街上有两座教堂，其中比较大的是卫理公会的教堂，关闭已久。在那废弃毁损的尖塔里，住着一群鸽子。对街上迄立着一个比较小的循理会教堂，建筑物正面有两个小门，使它看起来十分突出，令人连想起早期震教徒居住的老房子（译者注：震教徒是美国基督教贵格会的一支），这就是我们奉派牧养的教会。它是我们这一宗派在密西根州最古老的教堂建筑。教团议会的领袖们曾一度提出议案，要解散这个教会，再把教堂改为博物馆。

汉立把车开到教堂边，转个弯进入一条窄小的车道，路的尽头是一幢破旧的屋子。"到了，"他淡淡地说："这就是我们的新家。"我慢慢打量那凹凸不平的屋顶，破旧的玻璃窗，纠结着快长到阶梯的野草，喉头有个东西升了上来。"汉立，真的吗？这就是吗？"我悄声问道。

他停了好久没有回答，然后顽皮的露齿一笑，再发动汽车，到了街道的另一端，他弯进一条车道。眼前出现了一幢木造的房子：前廊有平条木头，新刷了一层油漆，窗子玻璃闪闪发亮，连草皮都是刚割过的。我一边急急地说着话，根本没有注意到这是一栋很老旧的房子。它已经给了我"家"的感觉。

丹尼在九月二日出生。十天之后，我们搬进秀梧镇的牧师馆。本来存下来要上大学的钱，现在都拿来购买家俱。我们走遍卖二手货的店铺，终于找到一些摆客厅的家具：一张红色天鹅绒的长沙发、几张褪了色的椅子，放在饭厅里的是一张伤痕累累的桌子。再买了床之后，余剩的钱仅够买洗衣机和冰箱。

主日早上的奉献，也就是我们的生活费，很少有超过美金四十块钱。在这种情形之下，我们很自然地常有机会经历马太福音六章33节所说："你们要先求他的国和他的义，这些东西都要加给你们了。"如果我们果真先求上帝的国，祂对我们的应许就是"这些东西"都要加给我们，"这些东西"有很多。

我们的生活费不断地节节升高。孩子要用尿布，又要不断地增加补给婴儿食品量，以满足孩子日益增大的胃口。再加上暖气的燃料费、汽油钱、买轮胎、汽车分期付款、保险费；更别说购买日常用品了。我们通常还不到周末，早就身无分文。

然而，上帝却一而再，再而三地供应我们。有时是一个匿名者，悄悄把奉献塞入我们的信箱；或是由婚礼或葬礼得到的谢礼。教会的弟兄姊妹也会突如其来出现在门口，带来一篮自家出产、一包牛肉或几只鸡。

当我们教会会友逐渐增加时，董事会决定为我们列出预算。于是我们的生活薪资增加了，外出探访和做教会工作所需的汽车费用，也有了津贴。我们真是由衷地唱出："赞美万福本源的上帝"。

这时我们那小小的秀梧镇教会，也经历一种使全密西根州的教会领袖为之侧目的大复兴。这间原本只有25至30个会友的教会，人数倍增了一次又一次。汉立和我不知想过多少方法，要使教会会友的人数增长。每种方法，汉立都全力以赴。

住在秀梧镇的人都说，他们从来没见过这样的事。原本对信仰、礼拜不感兴趣的人，受了好奇心所驱使，也都前来一探究竟。我们开展青年人的工作，开始主日学课程训练班，计划主日学工作的拓展，并且组队参加全州的智力大赛，在最后决赛中得到了第二名。

我们也花很多时间一起做脑力激荡，商讨怎样使每一个会友的才华能在教会中发挥出来，因此来教会的人越来越多。我们在两旁走道摆了椅子，以调整人数爆满的情况。当这个小教会主日崇拜的会众超过一百五十人时，我们又得另想办法。因此我和汉立再次开始寻思一些新主意。

虽然对街那幢老旧的卫理公会教堂，是大家眼中的危屋，一把火就可以化为灰烬，但是汉立听人说那建筑物也不是到了完全不能整修的地步。于是他就向卫理公会提议，愿以美金一千元购买那教堂；对方很快就接受了。整修的费用较贵，大约用掉美金六千元左右。汉立在教堂前面做了一个巨大的建堂进度表，用来标示筹募建堂基金的情形。"为明日建造" 这句话是他的标语。

渐渐，那老旧的建筑物有了明显的改善。义工来了，有人挥着油漆刷子和铁锤，有人洗窗子、抹地板，有人拔草，妇女们和我则在草地上预备晚餐。精于建筑的父亲也来帮忙修理那摇摇欲坠的钟楼，看来鸽子们得另找一个新家了。

当秀梧镇教会的工作在持续进展时，我们同意那也是汉立应该继续学业的时候。那意味着我们将要有一笔额外的开支，加上每星期好几天往返春树镇五十里的通车费用。想来想去，似乎只有一个两全其美的办法，我去工作。在白朗森镇附近的道格拉斯工厂里，我找到一份秘书的工作。为了这份工作，我得每天早上把丹尼托给他的"姥姥们"照顾。这些姥姥们是我们教会的妇女，她们愿意在我上班的时候照顾他。

每天清早，当天边第一缕晨曦染着一片橘粉色时，我已开车到了马太太或梅太太家门前。"再见，丹尼。要乖哟！妈妈爱你。"

在车道上倒车出去时，我还听得见他咯咯的笑声。我强忍住眼眶流转的泪水，开车上路。常常当我的手指触着打字机的键盘时，心中却飞快地想着汉立，想着我们的教会，想着我该留意的十几个活动，想着要预备的食物，然后就想着丹尼我的宝贝，他还不满一岁。我到底是什么样的母亲？竟然让自己的孩子给别的妇女来抚养。可是，这只是权宜之计，我安慰自己。汉立不久就可以拿到学位，那么我就可以在家陪丹尼了。那时生活步调就会缓和下来，并进入一种既舒适又容易安排的常规里。

我二十岁的生日就快到了。大多数二十岁的女孩子都正享受着如花盛开般的青春，而我却精疲力尽地要跟上我那像发电机似的丈夫和我自己的抱负和理想。"主啊，"我常做这样的祷告："求你赐给我力量，让我再度过这一天。"

一到周末，非但不能缓和我繁忙紧凑的作息，生活的步调反而更加忙乱。我们牧师馆的大门永远开着，是无止无休的活动集中点。我一向所想望的正是这样的家，但是我现在累了，好累。时间好象永远都不够用，该做的事永远做不完。

还记得有一个星期六早晨，我刚拖完地，屋子也收拾整齐，洗衣机里正洗着一星期的衣物，才找到几分钟时间可以逗丹尼玩玩，偷闲享受一下在家的感觉，我却重重地跌坐在沙发上，一点力气都没有。午餐还没结束，一个教会会友手捧着一个大苹果派，就顺道弯了进来。

来到牧师馆造访的人很少会马上就走的。因为汉立善于倾听，很健谈，又很会款待客人。这个还没走，又来了监狱福音圣工代表团的人，他们要在牧师馆聚集。就在这个时候，电话铃响了，是我们音乐部的新任部长的来电。他想知道可不可以和我们共进晚餐。

那天晚上到了九点半，我还在厨房里洗着晚饭留下来的最后一叠餐具。汉立探了头进来。

"芬德，"他问，"你帮我打好这份讲章大纲，然后再提供一些想法，好不好？"

"我办不到，真的没办法，"我哀求道："我还有明天的周报要写、诗歌要选。"

等我刻好底稿，开始摇恍着那油印机时，已经是晚上十一点半了。油墨很冷，操作时就会在纸面留下瑕疵。我看到有一个字拼错了，但我决定不理它。最后，我终于钻进了被窝。可是好象才一合上眼，闹钟的响声就在催促我起床了；又是一个永无休止的工作天。

主日崇拜开始前五分钟，汉立瞥了周报一眼。"芬德，"他叫了起来，"这里有一个好大的错误，这样的错误怎么会发生？"

刹时，我控制情绪和属灵敏锐度的堤防顿时瓦解了。"好，好"我顶回去，"如果你只会批评，干脆你自己做好了。"

话一出口，我就后悔了！好希望能想个法子把那些话收回来。我那内在的沉静怎么啦？是什么使我这么骄傲？我变得不可理喻、暴躁易怒。几乎每一天，我都得为自已的态度祈求上帝和他人的宽恕。

汉立劝慰我的话，听起来往往就像在讲道一样。他为什么不能满足我的需求？为什么他不能感受到我的痛苦和疲倦？为了他，我献出我的一生、我的未来、我的梦想，而现在当我最需要他的时候，他却不明白，总之他就是无法帮助我。他真的在乎我吗？

"你根本不爱我。"有一天我对他吼。"你为什么总是对我说些大道理，却不了解我，也不帮助我？"

他带着惊愕、难以置信的眼光看着我。"我当然爱你。"他的声音突然低了下来，夹着痛苦。"我无法想象一天没有你的日子，光是知道你有这种想法，就太令我失望和痛苦了。芬德，有时我真的不了解你。"

渐渐地，主让我看见我的压力和焦虑，原来有绝大部分是从那徒劳无益的自我期许来的，我期许自己扮演好一个"模范太太"的角色。因为我想象我那多才多艺的丈夫一定对我有这样的要求。有天早晨，当我安静跪着读《圣经》时，主就透过〈诗篇〉对我说话：**"投靠耶和华，强似倚赖人。"**（诗一一八8）上帝让我看到我的丈夫已经成了我的偶像。现在，在上帝话语的光照中，我眼中的汉立是一个人：英俊潇洒、负责任、关心人、勤奋，但却不完美。他既非全知，也不是全能。我必须以上帝为最终的信靠，不能放在人身上。这个功课我现在才刚起步，在往后一生的年岁中，在这方面我有了更深更远的学习。

生活仍然迈着无情的步子，对汉立而言，更无片刻稍缓。每一次的成功都激发他走向更大的挑战。他先买了一部二手印刷机，然后在城里租了一栋空的银行建筑物，开起一家印刷厂来。施汉立现在身兼数职：他不单是学生、传道人、牧师、青年团契领导、教堂建筑工、篮球运动员，同时也是父亲和丈夫。现在他又兴致勃勃地创办一家小型的出版企业。

当会友用日益高升的热情来响应这个年轻人的远见和奇才时，他的太太却在他所激起的浪花后面兀自浮沉，极力要在混乱的生命中建立起一个秩序来。我就像在爬一座陡峭的山，但是我告诉自己："一旦登上山顶，一切就会比较顺畅，往后就是下坡路了。到那时就会有休息的时间，生活也会步上正轨。"就在同一年冬天，我发现自已又怀孕了，那是一种喜悦和忧愁交织着的奇怪的感觉。

我辞掉了伯朗森镇的工作。十月十九日，我们的次子出生了，他黝黑的肤色，像极了他的父亲。"我们就给他取名叫汉立吧！"我建议。"哦，不好，"汉立提出异议，"我们绝不能给这个孩子随便叫个像汉立这样的名字。"最后我们终于达成协议，给他取名叫里昂·汉立。对我来说，另一个孩子出生表示我要再次负起哺育的责任及惯常换尿布的工作。但是，这样的情况反而使我感到舒适，为了照顾新生儿，母亲往往较少做其它的事，生活因此对我而言简单多了。丹尼和里昂差两年一个月，丹尼现在有个玩伴了；里昂也有一个大哥哥可以引领他进入神秘冒险的少年时期。

秀梧镇教会惊人成长所造成的震撼，自然引起总会的注意。此外，汉立也很快成为本宗派公认最活跃的青年牧师。有一天晚上总会办公室来电，邀请汉立以青年事工代表的身份出席总会会议。对此，我们并不感到讶异。我告诉自己，这一次能暂时远离几天，我们一定要稍微放松一下，我想顺便带丹尼和里昂回天普伦斯的家去探望父母。

但是，回到秀梧镇以后，我发现丹尼变得暴躁易怒、反复无常，他似乎很不舒服，有时他会无缘无故哭起来。一天早上，我从厨房的窗户望出去，看到他正在小三轮脚踏车上挣扎，他好象无法操作那脚踏车的手把，"妈咪，"他哭了起来，"我的手臂好痛。"

把孩子们带上车后，我开着车到附近的冷水镇找医生。我们的朋友莫伊大夫检查过丹尼的状况后，脸上露出困惑的表情。"这孩子恐怕是骨头出了毛病。"他说："明天我要给他做切片检查。"我一回到家就给汉立打电话，他当晚就赶回来，他告诉我："我向全年会的人说了丹尼的事，现在他们都在为我们祷告。"

第二天早上我们到了医院，按着标志穿过长长的大厅后，就来到一个小小的急救中心。切片检查之前要先验血，护士小姐用小刀片刺进丹尼的手指头，他尖叫地哭了起来，血冒出来。然后就是漫长的等候。

最后莫伊大夫终于出现了，他招手要我们进他的办公室。"我们决定取消切片检查，因为我们已经诊断出问题的症结。"他说着，然后用缓慢而专业化的语调接下去说："他白血球的数量非常高，恐怕你们的孩子是患了急性淋巴腺白血球过多症。但是，我们的诊断也许不准确，希望你们能带丹尼到安亚柏大学附设医院去看看。"

一段冗长的沉默后，莫伊大夫用低沉温和的声音继续说道："要把这消息告诉你们是我感到最为难的事，我们不明白为什么有这么多好人家的孩子得了这种疾病。很遗憾的是，在这个时代，这还是个绝症。我们所能做的就是给他一些治疗，让他多活五到六个月的生命，或许还可以再长一点。"他们的声音逐渐低了下去："也许我们可以找到医好他的方法。"

我们惊愕地坐在那里，极力要接受大夫的话。但是我们多希望能把整个谈话从意识里抹去。这些话不可能是对我们说的，他讲的是别人，不是我们的儿子，不是丹尼。这样的事只会发生在那些住在遥远地方的人身上，或那些报纸上看到的人、不认识人、甚至教会里其它的人身上，但绝不会是你。

"白血球过多症"这个字眼我认得。在杂志、书本里看过很多次。凡是认识这类病的人一谈起它，总是用低缓的语调，在惊吓中带着怜悯或战栗。这是一种无药可救的血液的疾病。病人会逐渐萎弱、缓慢而痛苦的死亡，这就是白血球过多症。但是，那是在别人身上才会发生的疾病呀！

当我们屈身坐进那辆老福特车，前往安亚柏镇时，心中仍有一线希望。莫伊大夫并没有斩钉截铁地说他的诊断无误，这就是我们跑这趟路的目的；这就是我们去安亚柏镇的理由。医生们常有误诊的情形，每天都有这种事发生。有一个可能性，甚至是一个很大的可能性，整个诊断根本就是一个大错。几个小时之后，我们就会从这恶梦中醒来，然后把丹尼放在我们的祷告中赞美主，庆贺这个梦魇的结束。

在安亚柏医院外的停车场停妥了车，出现在眼前的，是章鱼似的一幢巨型建筑物，侧翼在屋宇就像章鱼向四面八方伸展的触脚。我们随着标志进了候诊室，宽大的候诊室里缀满了活泼的色彩，显然这是特别为小朋友们的设计和布置。地上到处是玩具，小桌上摆着苏时博士写的儿童书。

候诊室里挤满了小朋友，大部分的小朋友外表都很正常。但是我很快就明白了，这些小朋友也都在死亡的行列中，都在那可怕的疾病下被判了死刑。

在检验室里，护士伸手抓住丹尼的手指头，然后飞快地划了一个小口。丹尼叫了起来，他童稚的哀哭声，声声都在我受伤的心灵中回旋不去；声声都引发我喉中的哽咽。"我们一定要好好地爱他，"我想着："他当然会有起色，他会好的。我们要给他找世上最好的医生，当然，上帝也会帮助我们。"但是，我们很快拿到了检查报告，结果只有更确定莫伊医生的诊断："白血球过多症"。除非神迹发生，否则丹尼现在只剩几个月的生命。

好多次我试着分析一个现象，仅仅在一刹那之间，那样简单的一个字，怎么可能就永远改变了一个人的世界？我内心极力想明白，可是却又顽强地抗拒；理性所坚称的事实，无奈内心怎么也不肯接受。这些事实渐渐开始由麻木的脑子一点一滴地渗入心中，带来了类似瘫痪的感觉，同时心中会有一股模糊恼人的罪恶感。为什么会是我？为什么会是我们？这些问题反反复复侵扰着。我们到底错在哪里？是不是有些该做的事我们没做？上帝在惩罚我们吗？

当我们抱着那已被疾病判了死刑的长子返家时，发生了一件事；这可以看出汉立超越常人的勇气和无私。车子进入秀梧镇时，汉立用手拍着前额说："芬德，今天晚上有棒球赛，我全忘了。所有的器材都在我们车子的行李箱里。"到了球场，整个球队都在等着我们。当他们听到那可悲的诊断后，就有人建议取消比赛。

"取消?"汉立回答着,"我看不妥吧?我们要按原定计划打下去。况且,我是你们的明星球员,你们不能不让我打球呀!"他真的打了球。这就是汉立的典型个性,他从不容许自己的忧伤成为别人喜乐的阴影。他认为让自己的痛苦成为别人的负担,是一种自私的表现。

虽然丹尼病已经十分严重,然而医生认为最好还是让他留在家里接受照顾,然后按照一般门诊病人,每隔两星期回医院接受观察和治疗一次。当我们开着车往返安亚柏医院时,那老福特汽车就成了我们的圣所,上帝的圣灵以一种十分宝贵的方式与我们同在。

我们用从上帝的话语中所领受的亮光和祂所给予我们对生与死的领悟,互相勉励。在此之前,死亡似乎一直都是遥不可及的事,是属于长远未来的转折点。这是我们第一次经过幽谷。有人说面对了死亡,才能把生命看得透彻,多么真切的一句话。在黑暗的幽谷中,阴影把生命的有限(真实的一面)显得更加清楚。

接下来的日子,我们继续彻夜守着我们那饱受煎熬的孩子。他感觉疼痛吗?他的体重逐渐在减轻吗?"丹尼对细菌感染没有抵抗力。"医生已经这样警告过我们,抗生素只能维持一时的果效,他不能着凉,也不能感染流行性感冒。

渐渐地,丹尼明白了事实。他毫无一丝自怜就接受自己的状况,这样的态度使我们深受感动。

他唯一不合作的时刻,是当护士近前来要给他做例行验血工作时。他会大叫:"我不要你抽我的血!"我希望使他免受那苦刑,想得心都痛了。他常常用那双镶嵌在日渐苍白的脸上,看起来比以前更大的眼睛注视着我。然后他会问:"妈咪,我什么时候会好?"我总是默默地转身，因为我找不到可以回答他的字句。

我们在饭厅给丹尼摆了一个床。当汉立在教会里活动太多、空间不够时，就移到家里来，这宽大的饭厅最近成了他的指挥中心，现在又有病房的样式。这个曾经带给我们无数阳光的宝贵生命，在他生命的最后阶段，终究要严肃地进入倒数读秒的时刻。这光辉就要消逝而去。然而，就在这段阴暗岁月中，上帝的同在温柔地把一个奥妙的盼望，倾注在我们身上，也就是每一个信耶稣的人重生而得的权利：复活。这一向被大家挂在口头上的教义，现在在逐渐清晰起来。

白血球过多症和任何一种癌症一样，都有一个古怪的特性，就是病情会出现周期性的缓和状态。有一度丹尼对治疗有反应，体力恢复了一些，便带给我们一线希望，总想着说不定当初医生的诊断是错误的，或者上帝垂听了我们的祷告，正用属天的神迹来响应？这似乎是异想天开了。有一天下午丹尼午睡醒来，我看着他挣扎地从小床上站起来。然后，以一张灿烂的小脸蛋望着我，喊着说："妈咪，你看，我好一点了。"

"丹尼，"我悄声地说，是安慰他更是安慰自己："耶稣好爱你，祂会时时在你身边。"

当缓和期临到时，那残酷肆虐的病情就会暂时和缓下来，使丹尼的体力稍微复原一些。这些时候是最美好的时刻，我们竭尽所能抓住每一分每一秒。我找出他的双枪腰带为他系上，找着那已不成形的牛仔帽为他戴上；于是一出牛仔对抗印地安人的戏便会上演。汉立给他买了一支特大号的塑料球棒，父子俩就在草地上翻着滚着打"棒球。"我站在窗前看着外面的爷俩，耳边传来他们的叫喊声和笑声，心中不觉悲喜交集。

　　我们正在学着体验时光的宝贵。医生一说只有几个月了，我们就开始在脑海中计算着日子，丹尼的一生（我们和他在一起的时间）已不复掌握，是不能再想长远的未来了。我们的脑海已不能把他童年期、青少年期、大学乃至成年的情景串在一起了。只在一刹那间，我们的想法便全都改变。现在我们把时间视为无价之宝，因它是如此短暂，瞬间就消逝无踪。而珍惜和儿子在一起的每一刻，成为我们目前最重要的事。

　　一生中所有的喜乐，好似经历了一次蒸馏过程，注入那短短的、逐渐逝去的黄金岁月里，最后几个月看似怪异，但却缀满了欢乐、笑声和喜悦。当丹尼有反应时，我马上就会放下手中一切工作，心想绝不能错过这个机会。

　　渐渐地，我开始明白我们对一生中的每个时刻、每一天，也该有这样的态度，该把时间当作无价之宝。有多少时候我们埋头于计划未来，却无暇顾及眼前！当我在研究主的生平时，就发现主"充分利用闲散的时间。"祂把时间留给人群。看见有人需要祂时，祂就针对那些需求，毫不保留也不吝惜地投入。

　　很多为人父母者，常常懊悔他们在儿女成长的时期，没有好好效法耶稣的榜样。当孩子一生中最纷乱、躁动的青少年期，好似瞬息即成永恒的时刻，他们却忙着办其它繁多的难事。现在任他们回顾以往，那些时刻、那些日子，却一去不复返。心中岂能无憾？

　　但是对我们而言，欢乐的时光好比一幅对比强烈的图画：亮丽的珠宝衬着痛苦和软弱织成的黑色背景。每一次的缓和期一过，接着而来的必定是病情再度恶化的袭击，牢不可破地攫住丹尼弱小的身躯。老二里昂一天天地长大苗壮，丹尼却日渐衰弱。他苍白安静地躺在小床上，用那双大而惹人怜惜的眼神望着我们，默默地在求助。他小小的脸蛋胀大了，皮肤泛着油光。他的肚子越来越大，泌尿器官也有感染的现象，十分的痛苦。然而，任凭再强烈的药物也无法医治他。我们一趟又一趟地带着丹尼上医院；可是，我们似乎一直在做着同样一件事，一件毫不见成效的事。

这种病通常会使病人觉得很渴，但是，普天之下似乎就没有任何东西可以解他的渴。漫漫长夜里，我常把丹尼抱在怀里坐着，不断哭泣、祷告。有一天晚上，我不禁向上帝呼求："主啊，这和加略山上的情形一样吗？"然后我想：你既然亲自为我受了那样的苦楚，你必定很爱我，也了解我的痛苦。

当基督徒经历这样的事时，我们希望自己能想起在教会里所听到任何关于苦难的信息，能记起所看过一切阐明上帝奇妙作为的书籍。我们应当存感恩的心，因为经过这特殊的环境，如此火炼般的痛苦之后，我们就必得以洁净、成长、生命更丰盛。这些事情必然要发生。终有一天，当我回首往事时，必能对主说："是的，主，谢谢你。我明白你的用意了。我想我现在至少能了解事情的部分意义了。"

但是我也必须承认，当我们枯坐在漫漫长夜中，试着给我们的儿子那永远无休止的渴，哄慰他，想让他舒服一些时；当我站在厨房的水槽边，双手泡在水里洗着碗盘，心力交瘁、泪流满面地仰望上帝时，我看不见整件事情的全貌。我唯一能做的，就是单单为渡过那一刹那、那一小时、那一天，祈求上帝赐下力量和恩典。

我开始了解一个重要的事实：上帝并不要我们立刻就背起整个重担，祂只要我们渡过每一刹那、每一时刻、每一天。祂应许说："**你的日子如何，你的力量也**

必如何。"（申卅三25）我学习不向上帝祈求惊天动地的大事。我心想：在这个秀梧小镇，有这些人在为我祷告，他们祈求上帝帮助我渡过这个难关，使我能为耶稣作见证。主啊，求你帮助我，让我不辜负你。

后来有人问我曾否有受不了的念头，我可以很诚实的回答："没有。"我的理由很简单。

〈诗篇〉第一篇描写那个"像一棵树栽在溪水旁"的人，他不仅"按时候结果子，"且"叶子也不枯干。"诗人告诉我们这个人昼夜都在思想的上帝的话语。

多美的一幅画，在与丹尼共渡苦难的那些日子里，我在生命中逐渐发现这个深奥的真理：默想上帝的话语能使我坚强。就像诗人所描写的树一样。我在青少年时期，就试着模仿父亲喜爱《圣经》的心。当我离家到春树镇念书时，就下定决心：无论一天的作息多么忙碌，绝不容任何事情占去我与主独处的时间。虽然我偶尔也会错过灵修，然而上帝帮助我，使我能持守自己和祂的约，每天都在祂的话语中结束一天的生活。

读《圣经》时，我习惯每次不读一大段，而是分成小段来读、小段来默想，并在心中反复思想。圣灵也引导我读某些经节，往往这些经节就成了我最喜爱的经文。我把那些能应用于我生活中的经节划出来，日后也经常复习。

现在我发现：在这令人枯萎的苦难熔炉里，我的叶子没有枯干；而那些宝贵的活水泉源却不断涌入我心中，每时每刻更新我。

多少世纪以来，上帝的子民面对苦难时，都常会在约伯记中寻求帮助。对我而言，约伯正以一种崭新的方式活过来，就像先知耶利米、以赛亚和但以理一样，他们所受的苦难都预表了基督的苦难。他们成了伴我行过幽谷时的伙伴。

这是我有生以来第一次真正体会到耶稣在客西马尼园祷告的那种痛苦呼喊：**"父啊！你若愿意，就把这杯撤去。"**（路二十二.42）

上帝的话语使我远离莫须有的罪恶感和负面的思想，引领我走出沮丧的迷津，而且总是带着确据，无论发生什么事，上帝仍然掌握大局。祂托住宇宙万有，也托住了我。

当我看着今日社会上许多年轻人时，有一句话不断涌现在我眼前，这些是迷失的生命。他们不愿被管，因为被管就意味了负责任。因此他们就选择不负责任的生活方式和态度。

他们所表现出来的哲学观，就是世界已失去了秩序，而这正是基督徒可以为主作见证的所在。我们一旦进入上帝的国度，就该认定祂是王；尽管我们身上发生了难以忍受的事，祂仍是掌管一切的主宰。对我而言，祂的话语带来了接纳、安慰、平静和一份确据：无论发生什么事，**"祂保护圣民的性命"**（诗九十七.10）。

当医药费日益高涨时，教会的会友就热心帮助我们承担财务上的重担。我们成了众人关注与爱护的对象。信箱里总有人定期送钱来；几乎每个星期都会有人提出新方案，为丹尼的病筹钱；诸如：卖西点、卖花、洗车。借着这事件，上帝开始让我们了解主内肢体的重要和美好：只要属上帝的子民聚在一起，他们就带着所有属人的性情和弱点来。当然，也带着他们的罪。

在我们教会里，有些会友的宗派背景和我们不同，对事情的看法也不尽相同。例如一个"保守人士"就曾对汉立的一些革新方式抱怀疑态度；也曾因为意见相左而产生一些磨擦和误解。

但现在却因为笼罩在我们家的死亡阴影，彼此的歧见逐渐淡化甚至消失，因此那些旁枝末节的问题，就显得微不足道了。经过苦难的冶炼，我们的心已融入甜蜜的合一，就正如一首诗歌的作者所写："同心合意的相交，如属天三位一体般的甜美"。

上帝的子民因苦难而合而为一，但是我所感受到的，是远胜十此的一种新合一：即全人类的合一，因为全人类都在苦难之中。我开始了解没有一个人可以免于苦痛或忧伤。上帝绝不是特地把我挑出来受一些特别的苦难。在世界的每个角落，人们都生活在不同层次的痛苦里，每个人都可能经历失去所爱的人，世界上还有成千上万的人会失去他们年仅两岁的孩子。

当我们带丹尼到安亚柏医院接受治疗时，总要和另外七、八十个家庭一起排队。我突然明白原来我不是唯一活在人类的黑暗面，面临罪恶、咒诅、痛苦、死亡中的一个。痛苦使我对生命有新的看法；同时，也使我比以往更确信人类最迫切的需要是：认识那位说**"复活在我，生命也在我，信我的人虽然死了，也必复活。"**的主。（约十一 25）

当我走过我的客西马尼园时，汉立也正走过他的；然而有时候我们却似乎走着不同的路。受苦常能使夫妻之间产生特别的契合；当然我相信我们因丹尼所受的苦有特别的契合，但是却不像一般人所想象的那样。汉立从小就没有母亲照顾，又远离父亲，因此要他向人吐露心声是很困难的，包括他的妻子在内。

在他生命最黑暗的时刻里，有时他像把自己缩入一个硬壳，一言不发。无论读经、祷告，甚至受苦，通常我们都是各做各的。往往唯有在我为他打讲道记录时，才能稍微体会到他的心事。他内心的困忧、难以向任何人吐露的感受，终于借着站讲台的机会释放出来。

我特别记得有一个主日早上，汉立说到在那些漫漫长夜里，他曾泪流满面地询问主："为什么？为什么你要取走这个我们寄予各样计划的孩子？这个已经奉献给你的孩子？"接着汉立谈到上帝对这个问题的回答："我曾为我的独生子哀伤，难道我不了解吗？我这样关怀你的忧伤，还不够吗？"

那天晚上，汉立那颗饱受折磨的心终于痛苦地迸出了回答："够了，主。"在二月，也就是那病初次出现症候的六个月后，丹尼开始受脑部出血的折磨，他现在连话都说不清楚了。他的脑子还很清楚，但是他的肌肉却无法配合他想表达的需要，因此无法把一向熟悉的语音说出来。尽管费了很大的力气，仍没有作用。那蓝色的大眼睛深嵌在苍白瘦削的脸上，默默恳求人来了解他。

不久，有一天早晨，我们惊骇地发现：丹尼和我们打招呼的熟悉声音，也不见了。我们奔进饭厅，不禁呆住了。丹尼已经不在了，留下的只是苍白、发黄的躯体，我的儿子终于安息了。

当丹尼的死讯从邮局传到加油站，又传到电话网时，整个小镇变得异常寂静。当小镇与我们一同沉浸在哀恸中时，我们生平第一次绕着"丧葬事宜"打转，着手办理悲哀的琐事：选墓地、墓碑，以及一口小棺木。那是一口用缎子滚边衬里的箱子，倘若它还有令人欣慰之处，就是它还算"可爱"吧！然而它却是一个两岁孩子的最后栖息所，这么小的体积，令人想到死亡的残酷。

三月廿三日是一个寒风大作的日子，我们聚集在教会里为丹尼举行追思礼拜。以往我们常与人同哀恸，今日也有了自己的哀恸，那是一种怪异的感觉，令人摸不着边际。我们仿佛在梦游，又像被人操纵的木偶，这真的发生在我们身上吗？

当小箱子放入掘好的墓地后，教会的会友和朋友都相继驱车离去，消失在地平线上，几乎只有我们和次子里昂孤零零地站在那里。风越刮越紧，寒冷的细雨打在我们脸上，而在一旁陪着我们的，是我们的音乐指挥何百伦。

"你们今晚想做什么？"百伦轻声地问。

"最能叫人想起天堂的是什么？"汉立大声地反问

"我知道，"百伦答道："我们何不去巴特里克音乐厅听一场管弦乐演奏？"

于是那天晚上我们就开车到音乐厅，聆听一场管弦乐演奏。那音乐提醒我们，上帝也有一个伟大的管弦乐团，将来我们必得以聆听那属天的音乐，而丹尼现在却已经在那里了。

第三章
第二个悲剧

在校园里，汉立是那种不容易被人忽略的人。他是高三学生，说话声量很大、充满自信，又是篮球校队的队员。他似乎一直要证明自己是个男子汉、坚强、稳操大局。但就算这些是他的缺点，汉立还是大家眼中人缘最好的人。

最重要的是，汉立爱他的主，一点都不以祂为耻。他曾在众人面前表示他将来要当牧师。凡听过他讲道的人，都说他年纪虽轻，却有一股不寻常的能力，并且口若悬河。尽管他才高三，却经常受当地教会之邀上台讲道。我告诉自己，总有一天，我要和汉立约会。

翌年，汉立想进专科部就读，但却无法达成心愿。他没有得到家人在经济上的支持，付不起学费，只好休学，并先工作了一年。他在费林的一家汽车厂找到了一份工作。

为了贴补生活费，他看上一份奖学金。这份奖学金是我们宗派提供给本教会青年杂志销售竞赛中成绩最好的一位。在这个竞赛中，和汉立业绩最相近的对手，是一个雄心勃勃的女生，那就是我。

我们教会新来的牧师白烈力是个精力充沛的人。在他的打气之下，我十分笃定自己能得到那份奖学金。

到了秋天，我升上高三。当我排队等注册的时候，在众多陌生的面孔中，我发现了汉立。我心中有一股莫名的兴奋，于是鼓起最大的勇气叫他："汉立，施汉立！"他转过身来，我们四目相对。我听说汉立是杂志销售竞赛中分数和我最相近的对手，只是我不知道结果如何。"谁赢了那份奖学金，你知道吗？"我问道。

"芬德，"他柔声说道，和一年前毕业时的跋扈有点不一样，"若不是那份奖学金，我可能现在还在费雪车厂工作，主行了许多奇妙的事来供应我经济上的需要。我知道祂要我上大学。"末了，他又加上一句："不过，你却因此失去那个机会，我觉得很抱歉。"

"汉立，我很高兴你赢了那份奖学金，我真的很高兴。"我以出乎自己意料之外的真诚回答他。

"回到寝室后，我一面整理行李，一面兴奋地向我的密友玛格报告暑假的点点滴滴。整理完毕后，我到餐厅去吃饭，就在餐厅前看见了汉立。

"嗨，一切都顺利吗？"我微笑着和他打招呼。

"哦，还好。"他答道。

接着，他问了个问题，终止了我们之间无关痛痒的对话。"芬德，今天晚上一起去参加迎新会好吗？"

他要约我出去？我极力想掩饰自己的喜悦，我停顿了一下，就像正在考虑这个请求的样子，然后用超过十六岁的成熟和冷静的语气答道："好啊，这个建议挺好。我们几点见面？"

我迫不及待地回到寝室，"玛格，"我还喘着气，"你一定不相信刚才发生了什么事，施汉立回学校来了。他还约我今晚和他出去，我好兴奋！我觉得他是全校最棒的男生。"

迎新晚会就在行政大楼后面的大草坪举行。当我们走向放点心的桌子时，迎面吹来的微风，突然使我觉得冷了起来。为了取暖，我本能地环着手臂。汉立本来正在说着他在费雪车厂工作的情形，这时他停了下来，脱下他的大毛衣围在我肩上。埋在他蓝色的毛衣里，我的脸都红了。

"真笨，居然忘了带件毛衣。"我结巴地说着。

"什么？"他装着不高兴的样子："你是说你不喜欢我的毛衣？"

很快就到了高中生该回宿舍的时间。"就此结束了。"我暗想，汉立这次约我出来，算是对奖学金对手表现的宽大气度了。明天开始上课以后，一切都会回到现实，美梦就要消逝了。

"晚安，汉立。"我说道。

"在道晚安之前，我还有个问题，"他说："星期五晚上一起吃晚饭好不好？"

"好呀！当然好。"我又结巴起来，试着掩藏内心的狂喜。

当我登上阶梯回到寝室，又查看自己的作息表时，不禁有些懊悔。自己居然没有留下空余的时间约会。五门课，参加一个混声四重唱的小组，又在学校注册组打工；此外，每周还有二个晚上要练篮球。剩下来的空档，得用来念书了；因为还得顾及学业的平均成绩。

几个星期之后，有一回我连连三次婉拒汉立的邀约，总是推说要念书。他不以为然地望着我争论："你为什么非得作书本的奴隶？这么做有什么意义？学校并不代表真实的世界呀！当你踏出学校的大门，才会发现生活的真面目。到时候，你所学到的东西才真正算数，并不在乎你在校的成绩是不是全优。"

除非我认真地念书，否则无法保持优等。一想到成绩要退步，我就害怕起来。学业成绩对我而言象征一种安全感，是我极需要的安全感。"学习是一个主要的过程，"我答道："除此之外，它也帮助人培养纪律。"但是我必须承认，至少有一门以上的功课取得优等，才是我念书的真正目的。

但是汉立并不如就此罢休，他还是有别的办法让我们见面。他提议要我们四重唱小组，每个星期日晚上和他一起在一间小教会里搭配服事，他偶尔也上台讲道。我出场打篮球时，汉立就召集他的四路好友成立临时拉拉队，在场边加油打气。他热情激昂地声音胜过众人的声浪，在队友们窃笑的眼光中，我的脸不由得红了起来。那年秋天的一个星期五，我们四重唱小组外出参加周末期间办的几个聚会。有一个高大的高三学生赖瑞转过头来看着我，眼里闪着狡黠。他说："芬德，你知道吗？汉立在家乡有另外一个女朋友。"

隔天吃过晚饭后，汉立提议一起去散步。十月的阳光暖暖地洒在身上，树上的叶子慢慢转黄。我们漫步走过几家寂静的屋子，来到一片小小的草地。汉立沉默了一会儿，眼睛看着地面，"有件事我觉得必须告诉你，"他慢慢说着："在我家乡费林的教会我有个女朋友，但我现在却开始在意起你了。我祈求上帝让我明白祂的旨意，我决定这个周末回家一趟，我只是要让你知道有这么一件事。"

赖瑞既早已告诉我关于"另外一个女朋友"的事，我也一直在祷告中祈求上帝，如果我和汉立的交往是出于祂的意思，祂必向我显明。"汉立，我所要的就是上帝对我们这一生完美的旨意。"我说："好不好我们一起祷告，求上帝引导你这次回家所做的任何决定？"于是我们低头祷告。我想起了〈诗篇〉一百三十八篇8节上帝的话："**耶和华必成全关乎我的事；耶和华啊，你的慈爱永远长存！**"

隔了一个星期，我们又走过那几家寂静的房子，来到一个空地上，冷冷的风送来阵阵寒意。我往前迈步，汉立伸手拉住我的手："停一下吧！"

接着他专注地望着我的眼睛，柔声地说："我想我非常在意你，所以已经和家乡的女友分了手。我们是不是可以认真交往，有固定的约会？"

我沉默了一会儿，突然发现自己的心狂乱跳了起来，我极力在脑中搜寻一句合适的话回答他。尽了全力，发现从自己口里出来的竟是一句简单的话："当然可以。"毕竟这是无法将我心中对他那份在意完全表达出来的。

然后他握着我的手，把我拉近，问道："我可以吻你吗？"

两年之后，在一个炎热的夏日里，我们在我家乡天普伦斯的教会里结婚。虽是一个简单的仪式，小小的教会却挤满了人。那时我已经读完专科一年级，只比汉立低一年，我们没有任何经济来源。

我们以一辆小拖车为家，落户在兰勃威尔市的郊区。两人决定工作一年存些钱，然后在纽约州北齐利的罗勃士·卫斯里扬学院继续完成我们的大学教育。我在德维比公司找到一份秘书工作，汉立则在伟利公司上班，一边也帮父亲作建筑工程，并且在我们教会担任青年部牧师。

我们的牧师名叫白烈力，他是影响汉立生命成长的关键人物，他精力充沛而且很有创造力。他打破了狭隘的宗派之分，建立了世界性事工的远见。对他来说，宣教不单是妇女宣道会的工作，不是一群表情黯淡、衣着单调的老处女，对着满桌的土产玩偶和东方民俗工艺品大放厥辞。不，宣教事工是世上最伟大的任务、最接近上帝心意的事业；是最令人兴奋、值得人一生投注的事业。烈力的远见成了汉立的抱负，大大影响了我们的一生，这是我们当时无法意料的事。

之后，我们就搬到秀梧镇牧会。丹尼去世，我们在秀梧镇完成第三年的工作。汉立和我同时感受到圣灵的催促，认为那是汉立应该继续完成他大学教育的时候。辞去牧会工作的那年夏天，我们住在天普伦斯。汉立在我父亲的木料公司帮忙，那真是一段美好的空档。刚好就介于繁忙的牧会工作之后，和学校新学年开学之前。我们与家人团聚，娱乐并休息，那是我们何等需要的轻松和休闲。

有一天下午，从克拉玛市的教会来了一批信徒代表，他们在父亲的木料公司前停了车。不久前汉立才在那个教会主持连续几场的布道会，他认得那个教会委员会的发言人贺伟森。几句闲聊之后，贺先生就道出此次来访的主要目的。

"汉立，我们现任的牧师要退休了，所以我们正在物色接棒人选。"他单刀直入："我们为此祷告，深信你就是我们所要找的人选。"

"各位"汉立答道："能受到你们的器重，我感到十分荣幸，但是我和内人已经在大学注了册，而且，我们的家具都搬到学校附近的公寓去了。"那些人离去之后，我看到汉立低着头默然伫立，他缓缓转过头来，面对我说："我竟然没有祷告就回绝了他们。"然后叹了一口气继续说："芬德，我有一个奇怪的念头，我觉得上帝要我到克拉玛市去；我对回去继续完成学业觉得有些不安。不知道为什么，我总觉得时间很短暂，回到工作岗位似乎很重要。"

我们商量了一下，都同意以类似羊毛求证的方式来明白上帝的带领（参阅《圣经》旧约〈士师记〉六章36~40节）。汉立祷告说："主啊，如果这个莫名其妙的念头是出于你的话，求你带领克拉玛教会那批代表再来和我联络。"

两个星期之后，贺伟森拨了长途电话来。"施牧师，"他说："我打电话来是想问你，是否再考虑一下你的决定。"对汉立来说，这就表示学业的事得缓一缓了。

九月，我们搬到克拉玛市，和我们住在一起的有我妹妹莉莉（她还在护理学校念书），还有青年部的牧师凡克，他是汉立在秀梧镇牧会时信主的。克拉玛市的居民以荷兰后裔占大多数，那是一个赏心悦目、干净的城市，以经济繁荣、失业率低闻名，曾是典型的美国城市。一九五八年在比利时布鲁塞尔举行的世界博览会，就曾展示相等比例的街市模型，这地区的造纸厂也曾赢得"纸城"的美誉。由城内无数的大学院校及教会，可看出知识和宗教的影响力。

到克拉玛市的第三周，我们的女儿罗娜出生了，我永远记得那是个星期日早晨，她突然到来，使我们整个主日程序大乱。这个一头金发的小东西，和我们那一身黝黑的老二里昂一样好看。她天生一副开朗的个性、火辣辣的脾气，现在除了二岁大的里昂需要照顾外，家里又添了一口，不但养育的责任加重，汉立又定期用我们的牧师馆招待会友，使我们家再度成为"火车总站"。

克拉玛市的事工在很多方面都和秀梧镇牧会的情形一样，只不过规模比较大而已。每个主日，汉立那越来越有震撼力的证道总会引来新的会众，其中不乏附近大学院校的学生。原先教会买了一块地，打算盖新堂用；所以当汉立一提出建新堂来替代那过时又稍嫌拥挤的旧会堂时，大家都一致赞同。会友们也感染了他的热心，全力支持，建堂委员会立刻就成立了。旧的地产卖给上翰公司，新会堂也接着破土开工了。汉立成了大家眼中前途无量的人。

生活再度步入舒适安闲的常轨中。我们的远景从未如此充满希望。但是，就在这时，阴影又再次靠了过来，起先一点都看不出是阴影，但它渐渐的开始扩大，变成一只长长的黑手，向我们生活的周围摸索过来。

第二年秋天，也就是我们在克拉玛一年之后，汉立受持续的咳嗽困住了。"只是胸部受凉吧？"他安慰自己。但是，在开车的时候，他发觉自己左臂转动方向盘有困难。几天以后的一个早上，刮胡子的时候，他很困惑地发现脖子的一边很明显比另一边大很多，我坚持要他去看医生。

经过一次简略的检查。医生判定是腺体感染。在使用抗生素治疗无效之后，医生决定做切片检查。检查结果显示并无不良症状，但是汉立还是颇为挂心。

在冬季那几个月里肿胀逐渐增大。我妹妹莉莉现在已经是一个合格的护士，她建议汉立去看一个专科大夫。一个月后汉立去拜访李迪大夫。大夫检查了汉立的颈部之后，安排他去附近的波士顿卫理公会医院做一些检查，他通知我去医院看他。

走出户外，双足踏着美丽柔软的雪地，我在小山坡上走过三个十字路口，来到医院。走过服务台，进了电梯，经过护士站终于来到汉立的病房。我小心翼翼地打开房门看看里面，汉立就坐在一张椅子上，身上穿着一件类似白床单的医院病服。这和一向穿西装打领带的装扮大不相同。"你看起来真滑稽！"我说着。

"芬德，请你坐下来，"他说道："我迫不及待要和你谈谈，我想我很快就会出院。事实上，他们已经拿到了检验报告，我也要求医生对我说实话，但是对于那样的结果，我根本没有心理准备。"

我觉得心里发麻，记得在听到丹尼的诊断报告时，我也有类似的感觉。"芬德"汉立继续说："我脖子上那小肿块就是霍吉金氏症。"

"霍吉金氏症？"我反问，"那是什么病？"

汉立做了一个深呼吸，"那是一种癌症，淋巴腺体的癌症。也许会有缓和期出现，但最后还是会要人命。亲爱的，别慌，因为我们还有很大的盼望，上帝也站在我们这边。"

"可是，"我结结巴巴地说："你从来没有生过病，你不可能生病，至少不是癌症。你才二十六岁呀！""我们还有时间，"汉立接着说："我们还有一年，或者两年。我们一定要善用它。我认为这段时间一定要投资在比我的生命更恒久的事上，我要和你谈的就是这件事。"

早在我们这段谈话之前，就有两件事促使汉立对海外宣教事工极重视：第一就是五个青年宣教士戏剧性的死亡，他们是在厄瓜多尔向野蛮猎头族传福音时，为基督殉道。第二就是汉立的良师兼益友白烈力牧师，也是我家乡天普伦斯教会的牧师，来我们教区，做了一次关于宣教事工的讲道。

烈力受到圣灵的引导，辞去牧师的职务，转而加入一个宣教组织，就是远东宣教会（现在的国际宣教会。）因着烈力的到来，汉立开始注意海外宣教和本地教会之间的关联。有一天，这两个男人坐了下来，一直谈到深夜。汉立表示他有心投身宣教事工，把耶稣基督的名传到本国以外的地方。

最后，他把一个问题抛给了烈力："你想，上帝在宣教事工上会有个位置给我吗？"

"汉立"烈力亲切地答道："若是上帝把那样的心志放在你心中，我们就可以确定地说，祂现在就在预备你，以便让你将来做宣教工作。也许，当你在克拉玛的工作结束后，祂就会引领你加入远东宣教会。"

那个星期六晚上，当汉立坐在医院的病床上，想着乌云密布的前途时，他突然觉得必须再和烈力谈谈。烈力那时正在离克拉玛仅数里之遥的小镇威克斯堡讲道。汉立打电话找到了他："烈力，你愿不愿意在我的追思礼拜上讲篇道？"

烈力和汉立相知已久，他也用开玩笑的口吻接道："当然好啊！汉立，随时候教。你说个时间地点好了，我理当赴约。"

"不，烈力，我这次是说真的。我现在人在医院里，医生诊断我得了霍吉金氏症，淋巴腺癌症。"

那端沉寂良久。"汉立，等这边聚会结束，我马上过来看你。"

那天晚上，这两个交往已久的男人，怀着一份对生命全新诠释的敬畏，低沉的交谈着。

"医生说我最多只有一、两年，也可能只有六个月。"汉立说："你认为我该如何使用这段时间？"

"汉立"烈力提议："如果你还有力气的话，我想你该到一些海外宣教区去看一看，把福音传给那些从未听过福音的人。在永恒里，你也会很高兴的看到那些人的面孔。

"请和我一起为这事祷告，烈力，也许这正是上帝要我做的事。"

汉立终于回家。他的外表、声调，都和我一向所认识的汉立大不相同，我的心绪一片空白。如今整件事情的来龙去脉是如此熟悉，我们已经为丹尼有过一次"倒数读秒"的经历，现在这份经历又临到我们身上。不知道为什么，明知这是件千真万确的事，但我的心却一直无法接受。我发觉自己一直挣扎着要从这个恶梦中醒过来。

接下来那个主日早上，汉立站在会众面前，他的声音听起来平稳而有力。他平静地宣布了医师检验结果，然后做了一个结论："我们只有继续做上帝所交托给我们的工作，这也是我们每个人唯一能做的事。"

医生们为汉立安排了一连串的治疗，期望减缓病情的恶化，头一个就是X光的放射治疗。

我们到达医院，已经有一组医生在那里等候。他们用冷淡又专业的语调说话，话中夹杂着神秘又令人不安的医学术语。汉立身上穿了一件短得令人难为情的医院病人服，他在众目睽睽之下感到十分不自在。他了解在这些医生眼里，他不过是另一份病历，一具生了病的有机体，一个没有身分的个体。"我从来没有感觉这么孤单。"他向我吐露心声。

医生们小心翼翼地把他安置在台上，有一架庞大的机器，伸出一只大得骇人的眼睛。四围的钢门紧闭。从平躺的角度里，他可以看到医生们的眼睛正从窄窄的观测镜里望下来。突然那机器的枢纽发出嗡嗡的声响，震破了起先的一阵阴森沉寂，接着响声越响越大。他明白这时正有一股看不见的威力，正在轰炸他的身体，以遏阻他体内不正常细胞的增长。

治疗之后的副作用，来得既快速又猛烈。虽然汉立已经获准出院回家，但他还是经常有严重的呕吐现象，虚弱得连上楼回卧室的力气都没有。他总是上几级楼梯就得停下来，体重持续下降，消耗体力的咳嗽更从不间断。

就如同漫漫长夜守着丹尼一样，上帝天天以祂的话供应我喜乐的泉源。透过上帝的话语，圣灵在我的生命中进行一种神奇的冶炼工作，使痛苦变成安慰，使哀恸变成喜乐。〈罗马书〉廿八章28节是一节熟习得几乎成了口头禅的经节；现在那安慰者（圣灵）却用它在我心中做了新的诠释。上帝在这件事上要使我受益；祂怎么做？虽然我想不透，但我确信祂会。我会继续期待那互相效力的益处。是的，我要期望神迹，这也将是一次历险。

第四章
靠十架举步向前

那么下一步是什么？医生对时间的预测是六个月、或一年，这使我们对未来的道路有了彻底不同的看法。当我们在上帝的话语中寻找引导时，上帝给了我们〈彼得前书〉四章19节的一段话："**所以那照上帝旨意受苦的人，要一心为善，将自己的灵魂交与那信实的造化之主。**"至少目前我们深信上帝要我们继续手边的事工，我们也决定在未来的每一天临到时，都把它当作独立的一天来活，把生命投入在要紧的事上。我一生从没有这么快把属世俗的事分出来，而全心投注在"重要的事"上。英国诗人班强生曾说过："一想到将不久于人世，心智就迅速集中起来。"

有很多人说："也许上帝要借着医治汉立，来彰显祂的荣耀。"我们相信上帝有医治的大能，也曾亲眼目睹上帝医病的神迹。如果说上帝的儿女有权祈求病得医治的神迹，我们当然也有这样的权利。有一群牧师按着《圣经》〈雅各书〉五章14节的教导到家里来为汉立抹油，并为他祷告，汉立的身体开始对那些治疗有了反应，力气也恢复了。

"你觉得上帝已经医治你了吗？"我们的朋友柯代尔有一次问汉立。汉立答道："我确信上帝已经医治了我；但是，我不确定这是永久性的医治。医生曾告诉我，现在是这疾病的缓和期。但是，无论上帝对我的一生有什么计划，我都祈求上帝帮助我接受，我愿上帝在我的生命中能成就使祂得最大荣耀的事。"

听到汉立的回答，我明白在我丈夫身上已经有一些深奥的变化：笃定的宁静、诚挚中带着庄严，应答对话不受情绪操纵，这些都是我过去所知道的施汉立所没有的。上帝正在这个男人身上做一件奇妙的工作，就像在雕琢一件艺术品。是的，我记得："**万事都互相效力，叫爱上帝的人得益处。**"（罗八28）

教会的会友觉得我们需要暂时远离教会，以便有独自安静思考的时间；于是就建议我们到佛罗里达州去度个短期的假，旅费由他们负担。在那如诗如画的山光水色中，我们过得很幸福。在那儿，我们像一对初恋情人，手挽着手、一起在浪潮里戏水。每时每刻都是那么甜蜜，是洋溢着痛楚的甜蜜。

看着汉立英挺地在浪花里迎风而立，我心中不禁对这勇敢的男人涌出一份痛苦的爱。我在心中呐喊："主啊，你知道我多爱他，多需要他。"〈诗篇〉九十篇12节在那段时期，成为我们的写照："**求你指教我们怎样数算自己的日子，好叫我们得着智能的心。**"

回到克拉玛后，汉立继续担任牧会的工作。每次主日讲道，他的信息都非常有力。有个主日早上，他看着会众每一张面孔，用强而有力的口吻说："当我们知道自己只有几个明天好活时，我们就面对一个令人十分困窘的问题，是不是花太多时间在芝麻绿豆小问题上找答案？是不是只有在顺境时才传讲基督？是不是只有对听过福音几百遍的群众传讲耶稣，而却置几百万未听过的人于不顾？我们告诉自己，总有一天，只要再多一点预备、多一点经验、多一点机会，我就如何如何……但是，我们会突然发现，自己不再有时间预备、不再能经历、不再有更好的机会。在地域和宗派的界线消失后，整个失丧的世界就呈现在眼前。不要活在明天的假想中。在永恒里，有成千上万的人愿意穷尽自己在世界的一切，以期再回到这世界一天，做一件他们到死都置之不理的事。对我个人而言，我这一生最大的一件事，就是听到医生告诉我：没有人能告诉你这生命还有多长。"

当我听汉立说那些话时，我知道他要宣布一件令整个教会震惊的事。他已经与烈力所服事的远东宣教会连系一段时日了，他去印地安那州的威诺那湖参加远东宣教会年会时，就曾向他们的副总理季比亚提到他有个越来越深的感动；他觉得上帝要他把最后几个月的生命投资在宣教事工上。

隔了一个星期，远东宣教会开董事会时，做了一件史无前例的事，鉴于汉立奇特的蒙召状况及他所具备的特殊恩赐，他们投票决定不对汉立的健康状况有所要求，而请他加入宣教会。他们计划要让汉立先去南美州一趟，在那里熟悉宣教的现况后，再回到本土，担任设在奥勒冈州波兰市的地区办事处主任。

当教会的会友知道汉立这个决定后，他们之间出现几种反应。有些人泪眼婆娑、有些人表示讶异、有些人提出相反的意见，并对我们的决定是否合乎实际存疑。毕竟一个可能只剩下六个月、生命在垂危边缘的男人，要离开他现有稳固的牧会工作，离开一群爱他的会友，这是不是一个明智的抉择？

接下来的那个礼拜，教会里一群信徒代表请汉立到市区一家最高级的餐馆吃饭。用过考究豪华的一餐后，其中一个代表对汉立说："牧师，我们可以从这个角度来看：我们要你，也需要你。我们深信上帝在克拉玛仍有工作要给你做。如果你的生命因病而变得短促，你的妻子儿女都需要有个保障，我们可以提供这个保障。"他有意停顿了一下，等汉立把话听进去。然后接着说："我们预备提供你一个条件：如果你留在克拉玛，我们保证供你的孩子们读到大学毕业。你看怎么样？"

后来，汉立有一次对一群宣教士发表演说时，谈到凭信心依靠上帝的意义。他追忆那一刻，"不要以为那只是一个小小的试探。"他说："魔鬼对我说，只有傻瓜才会回绝那样优厚的条件。但是当我望着这些慷慨提供我保障的人时，我想到一句话，那不是我的回答。我告诉他们，离开上帝的旨意，就没有保障可言。"

霍吉金氏症的缓和状态整整持续了一年，比我们梦想的时间还长。我们看到教会新盖的会堂完工。如今，一天天外观正常的生活，使我们产生了热切的期盼：或许癌细胞已经消失，上帝垂听了我们的呼求，神迹出现了，汉立完全好了。我们很快就会完成在克拉玛新一年的牧会工作。之后，汉立就要展开南美洲之行，开始在远东宣教会的服事工作。

然而，在他动身前往南美洲的前几天，却有一件事残酷地提醒我们，那就是汉立仍是一个涉临死亡的人。有一次他躺在床上，脑子想着南美之行所要办的大小事情。他的手臂无意间绕过胸前，不经意地触摸颈子后面，立时传来一阵尖锐的震撼！那恶性的疙瘩又出现了。他的手指发烫，仿佛那不正常的细胞就是烈火，心情也立即颓丧了起来。

他立刻接受新的X光治疗。身上带着药片，然而，他仍按着原定计划去了南美洲。自此，那疾病症候出现的频率就不断增加。而紧跟在痛苦的治疗后面，是更长时期的体力耗损，和逐渐复原。在治疗之间的短暂空档，显示汉立体内的恶疾肆无忌惮地横行。恶化的情况如同一具精准的定时器，冷酷地提醒我们：汉立的生命正在逐渐减少中。

尽管恶疾缠身，汉立不但去了南美。我们也举家搬到波特兰去。汉立拖着日渐沉重的病体，承担了健康人也难以负荷的工作量。他除了为许多宣教士安排旅程之外，自己也常以宣教士的身分应邀到整个西北部的教会和营会去传讲宣教的事工并主领布道会。

虽然汉立一直不提自己身体的状况，但是与日俱增的不适，仍迫使他不得不去看波特兰的一个专科大夫。这位卫大夫私下很关心汉立的情况，经过他诊断之后，发现汉立最近出现的毛病叫做痉挛性大肠炎。他确信汉立的身体的组织系统已经经不起X光的轰击治疗，所以汉立只得接受另一种更难以忍受的氮芥气疗法。由于每一次治疗都令病人虚弱异常，汉立甚至因此有一段时间失去生存的意念。有一次一个朋友来看他，他甚至透露："我怕那毒气，打从心里面怕它。"

当病情更加恶化时，他并发了一次肺炎，肺部严重的充血。从那时候开始，他几乎无法在夜里好好睡一觉，讲起话来也总是不断喘着气，每吐出一个字都要费好大的劲。为了使肺部充血的不适状况暂时缓和一下，他常常把小型录音机放在靠床边的地板上，以便可以在床上侧着头，对着地上的机器口授信件内容。即使这么做很困难，他从来也没有想暂停的意思。

经过痛苦的氮芥气治疗之后，当那越来越短暂的缓和周期一到，他就马上上路。他这个"临终之人对临终之人"的信息紧紧抓住了每个人的心，而且造成深远的结果。汉立在这段期间曾主持几次奋兴聚会，一个摩门教的家庭甚至因此全家信了耶稣。有一个牧师在回想这些聚会的情形时说："我们教会自创立以来，最具果效的聚会，就是那几场聚会。"每个星期汉立都回家，我帮他洗衬衫，烫平之后，再打包起来。每次心中总是百感交集，看他因着为主耗尽生命的每一丝气息、每一股精力，而充满喜乐和愉悦时，我的内心真是为他深深感谢上帝；但是当他不在身边的每一刻，我却又百般的牵挂着他。我需要他，孩子们也需要他；但是他宝贵的一生却像沙漏一般，流失得那么快，余日不多了。

有一次，本地教会的毕烈杰牧师邀请汉立主讲一个为期一周的宣教布道联合会。因为聚会的地点很近，里昂、罗娜和我都可以参加，我的心为此满怀感谢。每天晚上我都坐在下面听道，我从他的讲词中发现一种新特质。他的讲道几乎没有丝毫的自我意识，他仿佛把自己视为福音的具体例证，经由死得生的福音。我深信他与基督同走十字架道路，在他最寂寞的时刻，他都视自己死了。他以一种崭新的方式认同基督，因此他最喜欢引用〈腓立比书〉一章20-21节所说："……无论是生是死，总叫基督在我身上照常显大。因我活着就是基督，我死了就有益处。"

当他讲道时，他会用戏剧性的方式谈到医生面对病人，要宣布病人垂死的那种感觉。"不要因为医生说我活不了多久就为我难过。"接着又说："实际上你和我并没有两样，只不过你也许比我多活几年。但是，我们当中没有人知道答案。对我们大家来说，当我们站在基督面前时，活到几岁、死于何时都不重要。重要的是，我们怎么处理我们和耶稣基督之间的关系。"

有一天晚上，当汉立在台上讲道时，我暗暗瞥了里昂一眼。他坐在我身边，整个人仿佛冻僵一样。他的眼神牢牢地盯着他父亲，看起来不像一个七岁孩子的神情。那天晚上我们才刚就寝，就听见里昂哭泣的声音。我急忙进了他的房间："妈咪，"他啜泣着说："我梦到耶稣死在十字架上。"

几个星期之后，有天晚上我带着孩子们到西雅图去参加汉立主领的几个聚会。那天晚上他的讲题是"如何认识基督"。聚会结束后，我和教会的师母正要离开会堂，突然听见一个微小声音在叫我，是里昂："妈，我留下和爸爸在一起，好不好？"

那天晚上稍晚，汉立带着里昂笑嘻嘻地进了家门，准备就寝时，汉立对我说："芬德，今天晚上对我来说是个十分特别的夜晚，因为刚才发生一件令我兴奋的事：里昂问我，以他的年纪可不可以相信耶稣。你是知道的，我曾向主祈求：让我能在回天家以前，亲自带领我的儿子归主。今天晚上，他成就了这样的喜乐。"

一九六二年，远东宣教会在威诺那湖召开董事会，会上达成一项决议。这决议一时令我十分不悦，也感到吃惊。董事会鉴于汉立在西北部的非凡成就，竟决定要请他转到洛杉矶总会，办理美国本土的事工。

"可是，汉立。"我争辩着："我不想搬家，这里很好。再说你也需要看医生，而没有人比卫大夫更好呀！"

"芬德，你或许不了解这情况。"汉立安抚着我。"但是，我真的相信上帝要我走过每一扇敞开的门。我知道这没道理，因为我们的未来实在有太多的未知数。

51

但是，我还是深信那是上帝要我们走的下一步。"

在洛杉矶市以做癌症研究远近闻名的望城医院，接受汉立成为他们的病人。汉立常到望城医院去做各样折磨人的治疗，以延长他那逐渐缩短的生命。有一天汉立对我说："芬德，我想我们得把我的办公室搬到病房来了，他们要我住院。这次得待久一点。"他尽量用兴高采烈的口吻说话，但我知道他并不那样想。

我们果然照做了。现在我们脑力激荡的地方，已经从办公室转到病房来了。我坐在他的病床边，听他兴致勃勃地说要唤醒全美教会，重视这个因不认识基督而命在垂危的世界。医院里的医生和护士虽然对汉立的病情很熟悉，但对他心中那股燃烧的生命热力却无法理解，可能反把他当作精神错乱。

这个男人现已站在坟墓边缘，脑子里居然还做计划，编着美梦，策划着自己永远也看不见的未来。这是不合常理的，甚至近乎疯狂。

有一天下午，趁着汉立假寐时，我在走廊上来来回回走着，我一个病房接一个病房的走过去，只见一个个都是病危的人，而汉立，我的丈夫也在这里，他也列在活死人之中。我哭着，泪水不断涌了出来。

汉立的肺部病情每况愈下。由于不正常的衍生组织阻塞，再加上钴治疗的疤痕，使他每呼吸一次都要费尽力气；而呕吐的感觉使他无法吞咽食物，因此院方为他预备了特殊的饮食。他的心脏也有不规律的现象，是化学治疗所引起的副作用。

"主啊！"有一天我呼求着："汉立非但没有起色，反而越发严重。"但同时我也不愿放弃希望。治疗和呕吐之后就会有缓和期，啊！那蒙福的缓和期！随它而来的就是时间，这无价之宝。由于汉立的身体再度对治疗产生反应，肺里的肉瘤也开始收缩，因此很快地他又出院回家了。

那是一段地上财宝所买不到的日子，就像玉瓶中仅存的最好香膏，汉立却定意把这香膏倾倒在他的救主身上。回到家一个星期后，他就飞到远东宣教会亚特兰大办事处。他先和海保罗夫妇工作一段时间，然后应邀前往印地安那州召开一个大会，并在会中担任主要讲员。会后，还要和国际宣教会威诺那的主任雅霍华夫妇开研讨会。有一次，一个宣教士同工问我："你想汉立还能支持多久？"我想起基督的话："**所以不要为明天忧虑，因为明天自有明天的忧虑，一天的难处一天当就够了。**"（太六34）

我答道："主并没有要我们在今天就解决明天的问题，我想只要他状况允许，他会坚持到底。"说这话的时候我一点都没有想到，就在几个星期之后，汉立和我有一次我们未曾梦想的旅行。而这个最后的长途旅程，将把他送到天家正门口。

几个星期之后，就在感恩节前夕，我接到汉立打来的电话。他人还在印地安那，由他的声调我感染到那份喜悦。"芬德。"他说："你想不想和我去环游世界？"

"你在开玩笑。"

"不，我是说真的。有个人开了一张空白支票，要供我们两个人去旅行。他们提议我们去欧洲或去圣地，到任何我们想去的地方。我觉得也许上帝要我们到远东宣教会在亚洲和希腊的宣教区去看看。"

"可是，汉立，"我急切地叫了起来："孩子们怎么办？还有，办公室的工作请谁处理？"

"我知道。"他答道："当然你也在担心我的身体状况。坦白说，我也一样担心。芬德，你把所有困难写下来，好不好，我们再一起特别为每一项困难祷告？"

"汉立！你知道我很想去，只是，只是……"

"芬德。"他打断我的话，"我们来仰望上帝行神迹，好不好？"

我们宣教会的司库伊雷和他太太佩德表示愿意替我们照顾里昂。一个很亲近的朋友、在宣教会布道团工作的瑞芬洛，也坚持在我们家帮忙看顾罗娜。现在还有一个障碍尚未解决：汉立知道在没有得到望城医师的许可之前，他不敢外出旅行。

"你实在病得很重。不过，万一发生问题，你可以随时飞回来，我们觉得你去旅行应该没有什么危险。"医生居然同意。

远东宣教会的领袖勉为其难答应了。"我们不知道该不该让你在这种状况下做如此劳累的旅行。"他们解释："这样的决定是太危险了点。不过，如果那是出于上帝的引导，我们绝不敢有异议。"

看来，上帝已经为我们除去所有的障碍。我们打了电话给一个专门服务宣教士旅行的经纪人希浩华，请他为我们订机票。这次的行程包括希腊、印度、日本、韩国、香港、台湾、夏威夷，最后回洛杉矶。

离开纽约时，天正刮着暴风雪。当我们头一站在雅典过境时，可以很明显看出汉立越来越不行了。他不停地咳，全身发高烧，也有呕吐的感觉。等远东宣教会的宣教士一到机场来接我们，我们决定马上送汉立去就医。医生也很快就决定要汉立到一家希腊医院去就医。

所有的疑惑迎面攻了过来。我站在绝望边缘，汉立已经病入膏肓，而我们却冒然决定出来环球旅行，我们疯了吗？眼看他就要客死异乡了，我们却还耗在这里和这些几乎不懂英文的医护人员沟通。这是一次充满挂虑和不安的经验，我怕得简直要崩溃。在夜色中，我随身带着英希对照字典，穿梭在小市场里，为的是给汉立买一些合适他吃的点心。

化学治疗后第二天，汉立的身体神迹似地复苏过来。于是我们踏上飞机，飞往旅程的下一站。抵达印度后，到机场来接我们的是当时印度宣教区的区主任，也就是不久后当选宣教会总裁的杜维理博士。

我们去了伯那瑞斯，也就是印度教徒眼中的圣城，它位于著名的恒河畔。我们夹杂在步履蹒跚的人群中，看见印度教的朝圣者在受污染的河水里刷洗，为了要洗去自己的罪恶。我们也去逛了装饰华丽的印度教寺庙，发现庙壁上尽是厚颜无耻的变态性欲图画。

在去参观村子的路上，我发了高烧。我一路拖着病体，一边看着汉立弯着腰痛苦不堪的样子，不禁感叹：我们这两个病恹恹的人，再加上身边围绕着这群不幸的人：贫穷、忧伤、无家可归、失明，他们也举着沉重的步伐穿梭着，整个世界似乎都像生了病一样。

我们也到当地的一个教会，聆听我们主内的印度弟兄唱着优美的民谣。维理告诉我们一些印度基督徒为基督的缘故，勇于面对他们信仰印度教的亲友或邻人的排斥和迫害的真实的故事。在印度的这段时光，我们因为看见一个没有基督的世界而再次心痛如绞。汉立过世后，我用他的名义为印度教会设立了一个纪念基金。我知道，若是他还活着，他也会这样做。

我们从印度飞往东方的交通枢纽香港，然后再飞往远东宣教会最大的工作区韩国。到机场来接我们的是宣

55

教会派驻韩国的宣教士吉维廉、吉维明，以及许许多多的韩国基督徒。他们说："我们已经为你们环游世界的行程和天堂之旅祷告，也深信上帝要借着你们，来到我们当中。"

汉立肉体上的痛苦越来越严重，咳嗽和呕吐不断侵袭他，而他睡眠的时间也开始变得十分短暂。医生一再要他住院，但他就是不肯。他每天晚上都要对来参加宣教年会的五百多位牧师讲道，这就是他到韩国来的目的，他就算死在讲台上也在所不辞。虽然有时他上了讲台仍会喘不过气来，但是他撑过了每一个讲堂。凡是听过汉立生命中最后一次站讲台讲道的人，恐怕一辈子也不会忘记他所带来的信息。

眼看着汉立喘气、挣扎着要呼吸的那些漫漫长夜里，我只有在祷告中紧紧依靠主，在宝贵的《圣经》的话语中寻求勇气和安慰。有一天晚上，上帝用祂那无可测度的温柔层层环绕我；圣灵引领我看〈以赛亚书〉五十八章8节："**这样，你的光就必发现如早晨的光；你所得的医治，要速速发明；你的公义必在你前面行；耶和华的荣光必作你的后盾。**"

"主啊，"我问道："这是你要给汉立的话吗？你要在韩国医治他吗？"第二天晚上，我又被吸引来看这一章。"主啊，你的意思是什么？你要我接受非我所愿的另一种医治方式吗？"

圣灵在我耳边细语："快了，汉立的身体很快就有完全而永远的医治。"

继韩国之行后，我们就飞往台湾。远东宣教会台湾工作区的总干事瑞思义牧师，到机场来接我们。在瑞牧师家的客厅里，汉立斜靠在沙发上，对着满厅的宣教士说话。虽然他的病痛已经使他一直弯着腰，但是他还是去拜访一些教会，也去了风光明媚的日月潭。我们旅途中的最后一站是在夏威夷短暂过境，接着就直接飞回洛杉矶。

接下来的星期天和星期一，我们把时间留给孩子们和几个要好的朋友。在这些宁静相守的时刻里，都充满了拥抱、亲吻并叙述环球旅程的故事。隔天早上我打点汉立的旅行袋，准备要开车到望城医院去，他的医生正等着他。走出大门的时候，罗娜用兴师问罪的眼光看着父亲。

"爸爸，你为什么老是生病？"她质问着。

"乖女儿。"他答道："你还很小的时候，爸爸就一直病着；但是你要感谢耶稣让爸爸活这么久，使你能记得我的样子。"里昂默默地看着他，大眼睛充满渴望和悲伤。

翌日，汉立肺部充血的情形太严重，医生不得不为他装上氧气罩。接下来两天，他几乎都是在卧病休息，到了第四天，医生告诉我汉立已列入病危名单。那天晚上我彻夜祷告，祈求另一个缓和期到来。

我听着氧气罩输送气体的声音，它和汉立用力吸氧的节奏相和着。那机器看起来就像一只章鱼，正伸开触脚牢牢抓住他的身体，我就要失去他了。我在深夜离开医院，开车回家准备休息几个小时。随着前面汽车的红色尾灯行驶的同时，我发现自己居然在想着葬礼的事。汉立会喜欢哪类的葬礼呢？

回到家不过几个小时电话就响了，我抓起听筒，线的另一端传来一个冷漠又遥远的声音："施太太，我有个不幸的消息要告诉你。"是医院里的医生。在环球旅行回家的第七天，汉立又重新上路，飞往一个更美好的地方。

汉立曾说过，他要葬在秀梧镇的墓地中，那也是我们的儿子丹尼安息的地方。追思礼拜要在克拉玛教会的新会堂举行，那个代表上帝给汉立一个异象的纪念碑。五月五日，里昂、罗娜和我在远东宣教会总理佑群博士的陪伴下，由洛杉矶飞往芝加哥。飞机在欧海尔国际机场降落时，朋友们早已等候多时，他们送我们到克拉玛市去。

追思礼拜开始了，我走到会堂前排的座位坐下。坐在我身边的是罗娜。她缺了两颗门牙，是个六岁的小女孩。在她旁边的是八岁的里昂，长得黝黑高大。我的脑海里回忆着一幕幕过去和汉立在一起的景象：第一次在春树学院相遇、两人友谊的增长、一起做学校年鉴和学报、婚礼的钟声、在那宁静的秀梧小镇牧养第一间教会、建造那个可爱的教会、以及在宣教会那些神迹般的岁月。我一生就像来到一篇文章的最后几页，眼看即将结束。

就在那天下午，我感受到上帝牵起我的手。与其说是感受，毋宁说是一种真实的接触。透过一大群亲爱的朋友，圣灵伸出手臂来拥抱我，我看见我的丈夫，他现在有了复活得胜的新身体，不再病痛缠身，正飞奔着去见他的主。耶稣正张开手臂对他说：**"好，你这又良善又忠心的仆人。"**（太廿五21）郭凡克是几年前汉立在秀梧镇带领信主的一个少年人，现在已奉派到巴西担任宣教士，他站起来献了一首诗歌。这首歌适切地为施汉立的一生作了结论：

我所行走的路，引我更近天父，虽然经过痛苦忧伤；
虽非我选之路，但我若走己路，我会失去喜乐欢畅。
非我愿做之事，非我愿去之地，
因我不配选择自己的路，故主为我拣选，
这是最好无比，愿主指引我去或留。

　　追思礼拜结束后，父亲走了过来。"芬德，我们公司有个位子给你，家门也为你而开，我们很希望你回天普伦斯的家。"

　　"我想想看。"我口里答着，无奈内心深处却早已打定主意。汉立所受的呼召已成了我的呼召，上帝已带领我们离开牧会的工作，转而投身宣教事工。虽然汉立已经完成他的任务，但我觉得上帝对我一生的呼召仍旧持续。亚洲之行除了加深我对宣教工作的负担，更让我看见在本国以外的地方，仍有成千上万的人不认识基督。此外，我也在灵里找到自己的定位，在远东宣教会里找到一大群家人。远东宣教会曾问我愿不愿意继续在总会工作，我知道我的答案是肯定的。

　　那天下午我们离开教会时，里昂转过身来望着我，一脸严肃的神情："妈，您知道吗？今天是爸爸最快乐的一天，是我们最悲伤的一天。"我强忍着满眶的泪水，任凭这句意味深长的话在我心中引起痛苦的回响。汉立一生英勇，我可以回顾往昔，而毫无懊悔；可是未来的日子却在我眼前崩裂，像一个幽暗的深渊，我孤单一人怎能走过那幽谷？我可以当个母亲吗？失去汉立，一切似乎都不可能了。

第五章
由悲伤到自我认同

　　这是我第二次走过幽谷。第一次是丹尼去世，那时我还有汉立可依靠。他一向是我力量的高塔，当我需要安慰和劝导时，我自然先想到他；当人生巨浪如排山倒海般涌过来时，他就是我的支柱。但如今一切都不同了，汉立走了，他永远走出我的生命。我渴望有双强而有力的手臂在我悲伤时拥着我，有一双手为我擦去脸上的泪水。

　　当我刚开始从汉立去世的巨变中平静下来时，我好象被卷入一个真空吸尘器般，似乎世上所有钟表的钟摆都停了，时间静止了，我陷入一个痛苦的无底洞。

　　追思礼拜结束后，我回到洛杉矶。第二天，我照常起床、送孩子们出门上学，然后到对街远东宣教会大楼上班。我走过同样的门，经过同样熟悉的办公桌和面孔，但一切都和往日不一样，我的一生已全然改观。

　　我坐下来，看着信件，望一眼汉立的座椅，现在空了，他再也不会坐在任何椅子上了。他的桌上有一叠信，一叠他永远也无法回复的信。突然一阵阵哀恸的大浪袭卷过来，"主啊！"我祈求着："我需要你行神迹

61

来帮助我渡过这一天。"

家还是在那里等着我回去。虽然我们住在那里的时间不长，但它早已有家的样子。屋子里每个房间都隐约有汉立的影子，走进前厅仍然回响着近日的对话、笑声和叹息。

走到车库就看到汉立的书，平平整整地装成一箱箱、靠墙堆着。从波特兰搬过来以后，我们一直都很忙，因此他根本还没有空闲去解开这些书。他猎鹿用的来复枪也在那里，旁边是一台新的柯达相机；还有他从蒙他那州猎来的鹿角，以及数以百计的彩色幻灯片，那是我们在美国各处旅行时所拍摄的。

就只有这些了。我心中自我安慰着，虽然汉立没有留下太多东西，可是他真正留下来的，却与这些东西的价值有天壤之别，那就是他对主那种英雄式的爱。他树立了一个榜样，这就是他所留下来的遗产，是我往后岁月中，灵感和启示的来源。

汉立的遗物我该怎么处置？他的衣服还挂在衣橱里，他的鞋子还放在地板上，还有他私人的用品在房里到处都是。他的东西暂时就放在那里吧！等我心情平复一些，再将它们分门别类，一些送人，其它的留下来给孩子们。但是现在还不行，我尚无法忍受把自己和汉立在世时的衣物（这些载满回忆的物品）拆开。

我曾听说犹太人在亲人过世后，会有一段特别用来哀恸的时间。那是让丧失亲人者抒解心中哀伤、悲痛的时刻；是一段可以放松自己，不必感到羞耻，尽情流露人性忧伤的一刻。我认为这是一种智能，并觉得上帝也必允许我这么作。里昂和罗娜都看见我在流泪，他们也伴着我哭。有时候我会张开手臂紧紧拥抱他们，三个人一起谈汉立的事、一起落泪。

虽然我还是继续在同一个办公室工作，但是我觉得自己的角色已非同往昔。以往有好几年的时间，我一直都是汉立的助手，我喜欢参与决策计划及思考；如今却没有人会在乎我的意见。我觉得自己像一个忙碌却毫无作用的人，和环境怎么也配合不起来。每天，我在打字机上机械化地敲着英文字母。也许我是住在一个男人的世界吧！我想办公室里只有男人才交换思想和意见。一个女人能贡献些什么？我虽然有主意，有很多点子，可是从来没有学过推销自己的点子。总是汉立在为我推销，行政当局也采纳他的建议。汉立不仅能言善道，而且他是男人。主啊，我内心呼求着，求你帮助我找到自己的归属。

我有生以来第一次领悟什么叫寂寞。以前为了要跟上汉立的快速步伐，常常忙得只想找块小地方，躲起来安静一下。但是现在，我才知道什么是真正的寂寞，是以前的我从未认识过的寂寞。我渴望有成年人的朋友。每到周末晚上，当成双成对的夫妇相约出游或聚在一起畅所欲谈时，我常是落单的圈外人。

以往，我在家里一直以能掌握家事而自傲，但如今却觉得难以胜任。有一天下午，我们那只大德国牧羊犬戴咪，跳过铁丝网跑了出去。就在这时，里昂和罗娜俩人从后门进来，他们俩就算是和平相处，也十分短暂，现在更是白热化。"妈，"罗娜在尖叫："里昂打我啦！"这两个孩子老是争吵不休，我心里想着，我怎样才能使他们两个相亲相爱呢？我们得把狗找回来。该做晚饭了，可是我不觉得饿。"主啊，你在这样的景况中能找到什么好处吗？"我诘问着。

每日的例常生活都需做决定，决定这个，决定那个；可是我对自己做决定的能力早已失去信心；即使是最简单的决定也不例外。因为决定一件事要耗费脑力，而现在我却无处取得这能源。我好虚弱，光是将脑海中杂乱无章的思绪整理好，以应付一般小事，已十分费力。我就像机器人一样，机械地过着每天的生活。

"主啊，我的喜乐、我的热情、我的推动力都怎么了？"我叫了出来。在同一间亲切的办公室里，最亲切的一张脸孔不见了，所有的东西看起来都变得冷淡、了无生气。那一向挤满了朋友们笑闹声、夜晚洋溢着欢笑的小屋，现在却空洞洞。如果汉立能再走进那门不知有多好！我心里想着。但他永远不会再走进来了。一想到这里，消沉和自怜感立时涌了上来。

周围的世界在我眼前竟然变得平谈无奇、索然无味。街上走过身边的人没有脸孔，因为我根本视而未见。车子开在一向熟悉的、车水马龙的洛杉矶高速公路上，我却觉得比我生长的乡下农场还要孤寂。特别是有一天，我因为太专注于理不清的思绪，竟然错过了该转弯的出口。我突然发现自己不知道身在何处，甚至连怎么回家都不清楚。这就是我的写照吗？！我的生命就像行驶在一条漫长又沉闷的路上，几乎不知道自己要往何处去，也不知道要在哪里停下来。

我这样坦白分享这么多，就是要再次强调一个平凡的事实：信主，绝不表示就此免除生命中的一切悲剧，我们都共同分担了人性所共有的咒诅和脆弱。死亡这个野蛮的侵入者，它的威力足以破碎我们的心，使我们挫折丧气；也能使我们在一时之间陷入绝望。

但是当人生最不幸的事真的发生了，使你心碎、眼泪流干之后，内心深处苦于那得不到答案的问题，新的发现就产生了。有些人发现得早一点，有些人晚一点；

这个新发现其实很简单：上帝不会让祂的儿女得不到供应。

在秀梧镇的牧师馆里，当我轻摇着病危的儿子丹尼入睡之际，在漫漫长夜试着要为他解那永不止的渴时，我就体验上帝的话语有安慰的力量。是的，上帝对我说了话。在韩国那间客房里，当我听着我丈夫拼命挣扎要把空气送进他那饱受折磨的肺部时，我就亲身体验了上帝的供应。两次上帝都对我说了话，我的心也一直都有平安。现在祂又再次温柔地指示我。

我很惊喜地发现《圣经》的确为我的新伤带来医治。过去老是听大家引用祂的话，现在却真的体验了《圣经》的真理。祂的话是黑暗里的光、饥饿者的粮食、软弱者的支柱、干渴者的活水。**耶稣说："我对你们所说的话，就是灵、就是生命。"**（约六63）何等的真实啊！

卡爱美所说的"在月光上寻找金子"，这功课我学到了。我开始把我的宝藏写在一本特别的笔记本里。其中有许多经节是大家耳熟能详的座右铭，现在却对我有特别奇妙的作用。圣灵就像技术纯熟的裁缝师，把这些经文缝进我生命的每一部分："**一宿虽然有哭泣，早晨便必欢呼。**"（诗卅5）"**人的脚步，为耶和华所定，人岂能明白自己的路呢？**"（箴廿24）"**因为你们立志行事，都是上帝在你们心里运行，为要成就祂的美意。**"（腓二13）"**心中的谋算在乎人；舌头的应对由于耶和华。**"（箴十六1）"**你所作的要交托耶和华，你所谋的就必成立。**"（箴十六3）"**人心筹算自己的道路；惟耶和华指引他的脚步。**"（箴十六9）"**耶和华必拆毁骄傲人的家；却要立定寡妇的地界。**"（箴十五25）

我和诗人一样，在死阴的幽谷中发现了上帝的杖和竿：祂的话，真的成为我的安慰（诗廿三4）。上帝的杖也像牧羊人的杖一样，不仅为安慰保护祂的羊，也用来引导和纠正。上帝知道我生命中有哪些地方不完美、需要矫正，因此出于爱，用祂的话当做归正的杖，来管教那些缺点。

上帝首先对付的就是我的自我价值观。汉立一走，我就失去了自我价值。他的死使我必须寻觅自我认同。过去我不知不觉地视自己为那活跃又成功的丈夫的贤内助。我认同他的成就，把他的成就视为自己的贡献；也陶醉在同事对他的赞赏中。而现在，那个安乐的角色已不复存在，我失去了丈夫，也失去了自尊。我叫施芬德，孤零零的一个人，不再是施太太。我到底是谁？我的价值是什么呢？

我望着镜子里的自己，三十岁的我不算老，可是却有了皱纹。我已有太多生命的经历，而这些经历让我学会如何谨慎。十年前，若有人邀请我去什么地方或尝试什么新鲜事，我一定兴高采烈，而现在我却只有在心中对自己提出疑问，变得犹豫和心乱如麻。

我在心中放了一本总帐表，用来评估自己的长处、短处。我把自认真正长处的记入贷方一栏；我的短处，也就是那些曾令我感到不足和挫败的地方，则记入借方一栏。还记得有一次，我试着去教儿童主日学，结果却令我失去自信。当我努力想引起学生兴趣时，那群小朋友们却一直在底下动来动去、交头接耳。他们丝毫不顾我的辛劳，我真是难过极了。从此以后，我就决定只参与那些已经成定轨、做来安全又轻松的活动，尽量不去碰那些可能会让我有压迫感的服事。然后我就自以为傲，因为我谦卑得勇于承认自己的有限。但是，上帝就是要我过这样的生活吗?

不! 在这点上, 祂赐给我的话语是: "叫人活着的乃是灵, 肉体是无益的。" 圣灵似乎在对我说: 够了, 不要再为你那一连串的失败而闷闷不乐, 该把那些失败交给上帝; 要承认肉体若是离了上帝就一无用处。肉体即使能成就很大的事业, 但往往会生出狂傲来, 以至在主的眼中成了不堪使用的器皿。我开始学习靠圣灵行事, 相信祂能从我的软弱中带出力量来。

除了〈约翰福音〉六章63节以外, 圣灵又催促我去看一节在过去平顺的日子中, 我常引用的经文, 那就是〈腓立比书〉四章13节: "**我靠着那加给我的力量的, 凡事都能做。**" 当我领悟这个原则时, 我真是喜出望外。我一无所有, 空空如也。但耶稣却在我心里, 因为有祂在我里面, 使我有了自我的价值, 祂要在我身上活出生命来, 使我能归荣耀给上帝。

另外有两节经文能使这个真理更加明显, 上帝也用它们来改变我一生的道路, 引导我服事的方向: 〈哥林多后书〉十二章9节: "**我的恩典够你用的, 因为我的能力, 是在人的软弱上显得完全。**" 以及〈哥林多后书〉四章7节: "**我们有这宝贝放在瓦器里, 要显明这莫大的能力, 是出于上帝, 不是出于我们。**"

但还有另外一个障碍。我是个女子, 我对女性的观点, 在不知不觉中, 受了家庭及教养的影响很大, 几乎每个女儿都以母亲为她女性角色的标准。我母亲教了我许多优点, 例如: 忠实、负责、诚实和朴素。然而, 她一直都从事幕后工作, 而把属灵领袖的地位留给父亲。汉立则是一个积极进取的典范, 也是一个充满自信的领导人, 因此我乐得退到幕后。这就是我一向接受的女性地位: 退居幕后, 适中的温顺和隐藏。

如今，当我在看《新约圣经》时，上帝却开始跟我谈到我对女性角色的扭曲看法。我深信福音一向都是站在释放妇女得自由的立场上。例如，我注意到早期基督教历史中，妇女就扮演一个重大的角色。在保罗传道的数次旅程中，福音首先是在敬虔妇女的心中生了根。吕底亚就是建立腓立比教会的主要信徒（徒十六11~15）。保罗传道事工中，有许多同工是妇女。在〈罗马书〉十六章三节中，保罗居然一反东方社会的礼节，先提到做太太的百基拉，然后再提到她的先生亚居拉；这意义不同凡响。身为教义教师的她，很可能比先生更有恩赐、更突出，她比劝诫、雄辩的布道家亚波罗更令人佩服。

在这段时间里，上帝也帮助我在另一个出问题的地方，找到了自我接纳。那就是：单身。汉立去世之后，我就加入这个在社会上庞大的一群。我们给这群人安上标签，叫做"单身族"。我们自成一群聚在一起，是无法与四周环境调合的一类，我们是找不到伴侣的一群，破碎的婚姻、因配偶早逝而"落单"的鳏夫寡妇。单身族忍受的刑罚，就是被排除在以家庭为主的活动之外，缺少成年朋友，因而缺少谈心的伴侣，以致使漫长又孤独的夜晚，变得更孤寂。

单身族真的是次等公民吗？上帝用怎样的眼光来看他们？圣灵再次借着上帝的话来教导我，我读到〈哥林多前书〉七章17节："只要照主所分给各人的，和上帝所召各人的而行。"以及〈哥林多前书〉七章7节："我愿意众人像我一样；只是各人领受上帝的恩赐，一个是这样，一个是那样。"

在研读〈四福音书〉时，我对耶稣的态度，印象很深刻：祂从不计较人的经济、社会地位，只是毫无条件地把自己给了众人。在祂眼里，他们只是单纯的个体，不论他们富有或贫穷、受过教育或目不识丁、已婚或单身。因此我决定也用相同的方式来待人，视他们为上帝按自己形像所创造的个体。我会看见上帝在他们身上所行的大事。那么，我怎样才能帮助他们？

一旦我忘了自己的单身身份，便觉得无论是和家庭、夫妇或其它单身族在一起，我都一样舒适自在，再也不会感到拘束了。我相信自己就同保罗所说，是按"上帝所召各人而行"，目前这句话是指我的单身生活而言。

在这段期间，上帝把我扭曲变形的生命，重新塑造成一个新的样式。祂也解开我对"快乐"一词的误解。祂首先透过里昂的口来责备我。有一天，里昂率直地问我："妈，为什么你看起来都是那么不快乐？"他说得没错，这是个残酷的事实，喜乐已经从我生命中流失了。我对主发怨言："我所遭遇的，全不是我所预期的。为什么？主啊，为什么，"为什么你要取走我的快乐？"上帝针对我所愁的问题，提出了答案。用〈雅各书〉四章3节的经文**"你们求也得不着，是因为你们妄求……"**

"可是，主啊，我向你求的只是快乐，这错了吗？怎能说我妄求呢？你要我快快乐乐的，对不对？因为你的话都提到信你的人要快快乐乐的！"我申辩着。

"是的，孩子"祂答道："我是要你快乐无忧，充满无法抑止的喜乐。但是那样的喜乐只是一种副产品，它只在你寻求另外一件事时，才会衍生出来。"

"主啊，是什么事？"

"就是寻求我的旨意。芬德，我的旨意！"

接着我就看到〈雅各书〉四章10节："**务要在主面前自卑，主就必叫你们升高。**"这个经节是特别给我的。"主啊，求你赦免我的自怜和以自我为中心的生活。我所想的一直都是我的难题，求你改变我、帮助我，让我能为你而活。"我祈求着，然后我说："主啊，我要把自己对人生的看法完全托给你，求你把你的看法赐给我。"

我的祷告开始有了改变。当我每天试着订出讨上帝喜悦的生活目标时，就联想到既然耶稣来到世上是为了拯救失丧、绝望的人，那么若我花时间去关心那些贫乏、失去爱的人，把耶稣的生平、死亡和复活告诉他们，就必定能使上帝喜悦。

我恍然大悟，原来这就是"作见证"呀！我曾听过汉立在台上高声提到这个字眼。那是每个基督徒都该做、也一定要做的一件事，以表明他们是属灵的人。作见证，就是到有人群的地方逮住一个人，告诉他有关地狱和审判的事，劝告他悔改。作见证，使我感到罪恶感和恐惧感的三个字。这似乎说不通，因为要把耶稣的事告诉别人才是作见证，而上帝要我做的就是这件事。

当我预备好要把一生都投在圣工上时，上帝就把我需要的一个人适时带进我的生命。她的名字叫弥皑心，那时她在学园传道服事。

皑心似乎具备我所欠缺的一切，她友善、活泼、外向，最重要的一点是她很有自信。她的长处是我所没有的，我只有软弱。但是上帝已经把话说得很清楚：祂在我身上所做的一切，无非是要在我的软弱处，显出祂完全的能力来。

有一天我怯生生地问："皑心，你可否和我一起到公园去，让我观摩你向别人作见证的情形好吗？"

"好哇，芬德，我很乐意。"皑心很热烈地答道："现在，我们要注意一下自己的穿著，那是很重要的。"她解释道："我们要穿得简便一点，免得太显眼。太显眼会令人以为我们有的是问题，而不是答案。"

我吃惊地望着皑心向一位年轻的母亲传福音。她不讲道，也不用全备的《圣经》知识来令人心生畏惧；在聊过一两句家常之后，她就随口问道："我是不是可以和你分享一件事？这件事对我有很大的帮助，我们来看看对你是否也合用。"

"好呀，当然好。"对方答道。

作见证真的是那么简单？我暗暗自忖。

星期天上成人主日学的时候，我看见一个西班牙裔女士悄悄走进来，坐在后排座位。她的年纪和我相仿，长得十分动人。这时圣灵轻轻触了我一下，所以下课后，我就过去招呼她，带着一丝紧张和胆怯，我极力回想皑心传福音时的开场白。但我马上感受到有股强而有力的爱，从我内心深处升了上来，落在这位女士身上。

"你有没有亲身体验到上帝？那是十分奇妙的经验。"我顺口就说了出来。

她专注地看着我，开口说道："你知道吗？我已经有好长的一段时间，想要亲身体验上帝的存在。"我兴奋地打开了《圣经》，开始向她解说上帝简明的救恩计划。后来我邀请她做决志祷告，她一口就答应了，我们也成了好朋友。

上帝的应许以一种超乎我想象的方式实现了。当我试着去讨祂的喜悦而不是满足自己时，我的生命就充满了前所未有的快乐和丰富。

　　从此，上帝就经常向我指出一个特别的人来，祂要我对那个人谈论关于祂的好消息。有一次我和一个亲戚约了时间见面，要向她作见证。结果发现，她也早就预备心要接受救恩了。

　　有一个职业妇女住在离我家不远处，她的穿著，昂着头的样子，都表明她见识很广、信心十足。她是好莱坞的摄影师，有人向我提过她是个无神论者。有一天，我邀请她到我家里来，我们坐着边喝咖啡边话家常。

　　终于，我鼓足了勇气说："我有一个发现，这个发现使我受益良多。我想你是一个很有才干的人，不知道你是否愿意听我的发现，看看怎么样？"

　　"当然啦！请把你的发现告诉我。"她答道。

　　我说了，但是她并不完全赞同我的话。有些地方她极力反对；但是当她离开的时候，我们已经成了朋友。种子是撒下去了，我深信上帝必浇灌它。

　　于是开始有一个妇女退修会邀请我去讲道。之后，其它的邀请也接踵而来。一位住在波特兰从事新闻业的朋友，协助我预备一套介绍事工的幻灯片，并录了一卷旁白和一些背景音乐来配合。这一套幻灯呈现的是一群悲哀的人，一群一生从未有机会听耶稣福音的人。这简直不可思议！上帝竟然在使用我，施芬德。当我不再追求个人的快乐，我就找到喜乐的真正源头。

第六章
一个寡妇的异象

一九七二年五月，我离开洛杉矶。开着一部形状好似一条巨大毛虫的车，一路朝向印地安那波勒斯市郊繁荣的绿木镇的远东宣教会总部蠕动着。一九二一年，远东宣教会创办人查尔斯·高满夫妇，原本把总会会址设在加州南部；用意乃是要让那时已经病危的高满先生，得享加州宜人的气候。其实远东宣教会多年来一直集中在美国中西部，所以这次总会迁回印地安那州的决定，无疑是个很好的决策。如此，差会的指挥中心就能靠近那些赞助的教会和机构。

到了绿木镇，我搬进总部对街的宣教会宿舍。很快地，我就在市中心一个兴旺的教会，受到了热忱的欢迎。这个教会的牧师名叫李坦安，是个充满活力的年轻牧师。每当邻里有年轻人顺道来看我时，我就用上帝给我的一些原则，去关怀那些困惑伤心的年轻人，而到星期天，我就会载着一车的年轻人，到坦安的教会去听他讲道。

有一天李牧师对我说："师母，我注意到无论您到哪里，总有青年人跟您在一起；我深信上帝赐给您有这

73

种与青年人建立友好关系的恩赐。您来教我们大专及社青的成人主日学课程，好不好？"

我屏住了气息，往昔那种无法胜任的恐惧感又袭卷上来。撒但又把我旧日教主日学的惨败回忆，带入脑海；提醒我所曾给自己下过的结论：说自己不是个当老师的材料。我沉默思索着合适的回答，但经文"赐给我们的不是胆怯的心"却提醒我：基督徒的生命是让上帝接管我们的软弱，化成祂的力量。"主啊，求你赦免我"，我默祷着。然后以一种充满自信和热情的声音答道："当然好啊，坦安，我很高兴能接下这个课程。"

星期日早上呈现在我面前的，是一个前所未有的挑战。我回想自己曾多次呆坐在主日学班上，那段无聊的时刻之所以无聊，是因为参与太少。我期望每个来到我班上的学生都能成为教师，并且每个人都以分享属灵的洞察力为己任。在教学上，通常老师学到的比学生多。我希望自己能找出一些方法，使班上每个同学都能主领这个班的课程。开始时，我用问卷的方式，来询问他们上课前最感兴趣的题目。

我这样的教学法算不算冒险？我觉得值得一试；于是我选了八个人出来带小组讨论。这八个人，几乎是班级人数的一半。我的主要责任就是来指导这些学生领袖们。如此一来，总人数增加了一倍，后来变成三倍。我发现圣灵才是真正充满能力的教师。

在疲累兴奋之余，我发现了一个人的属灵新原则：我无论在这些人身上投资什么，结果总是回收好几倍。每个星期，我都遇到一些带着热心和好学精神的学生，如医学院学生、律师、护士、实验室的技术人员、职员、秘书等等。我所接触的每一个生命，也间接的使我的生命得到丰富和更新。无疑地，上帝正在扩展、坚强一个怯懦寡妇的一生。

我的妹妹莉莉和她的先生蒙杰就住在印地安那州立大学的校园里。蒙杰是牙医学系的学生。我经常顺路去看他们。而上帝也借此开了好多扇门，让我和印大的学生有更多接触。他们的家变成了一个非正式的学生团契中心。

我在教会开的主日学班，参加的人数越来越多了；当学生参与领袖训练时，他们就会带朋友一起来参加他们的课。这些人当中，有许多来自破碎的家庭，也有些吸毒的。有一个名叫约义的年轻人，心神恍惚、两眼呆滞，一看就知道是上了毒瘾的模样。但渐渐地，我看见上帝的话语刺穿他心中的那团迷雾。约义最后成了讨论小组的组长。

我的邻居艾筑，有一次带了她的一个朋友来。他的名字叫佐奇，是本地一所高中的橄榄球队队员。佐奇接受基督为救主以后，就迫切地要和别人分享他的信仰；他后来成了我的助教。瑞克刚从越南战场回来，他一文不名、满是罪疚，因毒品而堕落。他也参加了我的班，全班同学都亲眼目睹上帝的大能将他破碎的生命重建起来。充分印证了〈哥林多后书〉五章17节所说："**若有人在基督里，他就是新造的人。旧事已过，都变成新的了。**"他也很快成了里昂在主内的大哥哥，这是上帝所赐的额外福分。

还有一个年轻人叫熙迪，他主修心理学带着怀疑论的色彩。虽然从小就上主日学，但来参加我的班时，却矢口争辩说《圣经》和现代人的需要"几乎毫不相关"。然而他发现自己却想找出何以上帝的话会对瑞克和约义这样的人，产生这么大的影响。于是他不断深思，拿起自己的《圣经》，弹去上面的灰尘，开始读了起来。

有一天下午他拨了通电话给我:"施师母,我看得好清楚,"他话里有掩不住的激动:"我一直在看雅各书,他在二千年前所提到的事,有好多仍和现代有密切关系。"熙迪从〈雅各书〉一章22至25中立即明白,真正的学习不在乎理性思考和内省功夫(一种思想的过程),而在乎真理的实践"要在日常生活中活出来"。这样的洞察力形成一股驱策力,使得熙迪和他太太雪伦得以把基督介绍给他们的朋友,后来他们也成了班上小组讨论的组长。

熙迪认为,有许多人在研读《圣经》,但是他们并没有真正学到什么,因为他们还没学会应用这些原则。他常说:只有应用这些属灵原则,信心才会增长。后来,熙迪和雪伦的异象扩大了,他们开始到监狱传福音。也在教会开了一个课程,训练高中生和人分享自己的信仰,里昂和罗娜也在这个班上。

同一时期,我也在远东宣教会总会办公室工作,我的顶头上司是国内事工部的副总干事何迈夫。我的工作包括打字、资料归档、接电话、写文章以及协助办理各种活动,这全是不可或缺的项目。我看见远东宣教会的重要性:它是一个基督教组织,有三百多位宣教士,分布在亚洲、拉丁美洲和欧洲十三个国家中。

当然,我目前的工作也是一个很重要的事工,但是我也察觉到我的心越来越不能安于现状,好象上帝又再一次提示我。于是我问道:"主啊,这代表什么?这样的不安是否只是因为我缺乏耐心?如果你要我继续在办公室做例行工作,为了你的荣耀,我会心满意足地做下去;但是主,若你有别的事情要我做,我愿意,我也洗耳恭听。"

随着假期到来，我计划到宣教会的海地工作区，去做两星期的旅行。那是一个绝望、充满腐败的国家，位于距佛罗里达州六百英里的海上，是全球国民平均收入最低的国家。和我同去的有我的妹妹莉莉和妹夫蒙杰，他很快就要从牙医系毕业了；还有另一位医学院的学生舒爱婷，今年也将从印第安纳州立大学毕业。他们三个人都在寻找上帝对他们未来服事方向的安排。没想到上帝用不同的方式，在这样一个短期的旅程，奇妙地改变我们的一生。在海地，爱婷认识了她未来的先生；莉莉和蒙杰找到了上帝为他们所安排的位置，而我则得到一个新的呼召。

在走出泛美客机舒适的机舱那一刹那，我们就好象被扔进了一个完全不同的环境里，一切都令人瞠目结舌。这儿象是一个非洲的中心，但从迈阿密乘飞机仅需九十分钟。街道上到处是人、小型的车辆和动物。我们夹杂在其中，好不容易才找到出路；我们挤在黑色的人群里，总会有小小的手在我们面前伸出来："太太，给我五毛钱吧！太太。"

坐上宣教会派来的小客车之后，我们就上了那条蛇行的崎岖山路，一路上东倒西歪地上山，山顶到处弥漫着浓厚的云雾。走过荒废的村子和聚落在一起的小泥屋，屋顶上铺着的都是稻草或波浪板，绝望的妇女在屋外生火，煮着少许食物；赤身的小孩挺着肿胀的肚子在泥地里玩。

我们的老爷车载我们经过甘蔗园和桃花心木林区，终于抵达远东宣教会在这岛上的办事中心。这里有几幢坚固的混凝土建筑物，有广播录音室、宣教士宿舍、一个诊所、一间教会，还有一所学校。

第二天，第一批到海地来做拓荒工作的宣教士毕马缔先生，带我们去参观以马忤斯《圣经》学校，我们看见一群兴奋而脸孔发亮、精神饱满的年轻人，他们除了学习简单的农业、工业技术外、也学习《圣经》。"这些年轻人是在我们教会信主的，他们几乎都是住在泥屋或草屋里。"马缔解释着。

越过教堂，我们来到远东宣教会的毕士大诊所。诊所外面排成长龙，都是等着看病的人。有一个母亲抱着她营养不足而奄奄一息的孩子，当护士用点滴器喂着那无精打采的婴孩时，母亲则在一旁饥饿地舐着由孩子下巴流下来的乳汁。我们看见宣教士和受过训练的海地人一起工作，把悲悯和安慰连同药物一起给那些需要的人。有些牧师和护士会定期在一起为这些海地人祷告，或是奉耶稣的名为被鬼附的人赶鬼。

主日早晨，我们走过一条窄的泥巴小路，来到一间以树叶当屋顶的教堂。这间只有简单的木头架构、树枝为顶的临时教堂，要一直用到他们有能力盖永久性结构的教堂为止。我们在窄窄的木板条凳上坐了下来，一个海地牧师起来领会众唱圣诗。高亢的声音、合着有节奏的克利奥尔法语，及灿烂发亮的红褐色面孔，这和我们在市集见到的那些为巫毒教所缠绕、瘦削、悲苦的面孔，形成很强烈的对比！

海地的经历，是我们生命的关键。两个星期的逗留一结束，在我们搭上飞机飞回印地安那州时，蒙杰和莉莉早就把自己的生命献给上帝，要服事海地人。蒙杰憧憬着要在那里盖一间牙科诊所，这是总有一天会实现的美梦。

但是此时，蒙杰尚未拿到毕业证书，他和莉莉也还留在印地安那大学，上帝难道没有别的事让他们做吗？印大虽然不是海地，但是也不失为一个"作见证的好地方"呀！他们周围的同学都有感情和灵性上的问题，有许多人婚姻正濒临瓦解，我们都对这个大学社区有很重的负担。我开始想，不知上帝要怎么在这个地方使用我们。

最近我在慕迪月刊看到一篇文章，里面提到一些基督徒妇女邀请邻居到家里喝咖啡，然后向她们见证基督的情形。有时，她们会请一个为一般家庭主妇所认同、肯定、从事专业技术的杰出妇女到会中来作见证。这种邻里间的咖啡小聚，已成了向妇女传福音最有效的方法。

类似的咖啡小聚在学区也能发生作用吗？我心想。只有一个办法可以找到答案。于是蒙杰、莉莉和我定好一个日期，在校园里找了一间屋子，发出一百份邀请卡。

结果只有四个人响应说他们愿意来参加，而且他们已都是基督徒。没想到我们这个堂皇的计划，竟令人大失所望，我们只好取消聚会。当我们坐下来自艾自怜时，我突然明白上帝原来在这件事上也要带来好处：我们一开始就得了四个新朋友。而当我们解说我们的负担时，他们都异口同声表示愿意加入我们的工作。

再者，我们发现在这件事上我们犯了三个策略上的错误。第一，我们没有事先查询学校的行事历，阴差阳错地把咖啡小聚的日期，排在全校大舞会的同一天。第二，我们没有个别去分发邀请卡。我们决定下次一定要亲自把邀请卡送到对方手中，或是亲自打电话邀请。最后一点，我们发现这基督徒妇女咖啡小聚大都在家里举行，而不是在令人生怯的教堂里举行。因此我们决定，我们的咖啡小聚也要在一种随和而轻松，并能使大家都能自由自在谈论信仰。

于是我们马上又计划了一个咖啡小聚。莉莉、我和那四个新朋友先聚在一起，共同为那些上帝要我们邀请的人祷告。然后我们沿家挨户的去邀请，直到有十七个人答应参加为止。我们也安排人照顾儿童，还为小朋友们预备一套福音性的节目；因为届时会有廿三个小朋友跟着来。

那天晚上，我们的信心受到极大的激励。我们请来作见证的王尔恩，是本地一个牙医的太太。她用一种谦和、平静的口吻，述说耶稣基督怎样改变了她的家。之后，有四个妇女决志信耶稣。又过一个星期，莉莉在她家开起了查经班。有一次莉莉对我说："现在似乎整个邻里都变了，咖啡小聚真的化解我们彼此之间的陌生。所有的邻里妇女都把我当成朋友，她们很想多知道些属灵的事情。而在几个星期以前，我走过她们身边时，她们连理都不理我呢！"

那年六月，蒙杰从牙医学院毕业了。他和莉莉同时向远东宣教会申请到海地宣教，结果获准了。作为准宣教士，他们面对一个巨大的挑战，便是要负责筹募全额宣教费用：包括五年所有人事、圣工的需用，加上蒙杰想在海地创建一所牙科诊所所需的六千美金。

当我想着蒙杰和莉莉所面临的挑战时，不禁问着："主啊，我能帮他们什么？"

"利用咖啡小聚如何？"主给了我这样的回答。对呀！何不用咖啡小聚使更多人参与向世界传福音的事工？找一天晚上，先邀请邻居到家里来聚聚，认识宣教士；然后请他作见证，并且让来参加的人有机会参与圣工，为他奉献。

这是上帝计划中的第一步，要用来帮助许多宣教士顺利地到他们服事的地区去。我对主说："主啊，当然可行。第一次的咖啡小聚虽是一个笨拙的起步，但是你却在其中带出好处。我知道化软弱和失败为力量和祝福，一向是你所擅长的。"

我和莉莉坐下来，列出三十五个人的姓名，这是我们的邀请名单。之后，再展开重要的工作，联络这三十五个人，尽可能要他们口头允诺来参加聚会。我抓起话筒，兀自打起电话来。起先我感到很不习惯，觉得自己就像一个推销员对着话筒叨叨絮絮地要对方订阅杂志。

"主耶稣，求你不断提醒我，这一切都是为了你的荣耀和国度。"我祷告着。

我的开场白总是这样："我请我的妹妹和妹婿到家里来，不知道你有没有空到我家来坐坐，听听基督在他们生命中的作为和他们去海地的计划。此外，我们也可以更彼此认识。"当中有些人说他们有别的事撞期，但有很多人都说可以来。

"里昂，我需要你帮忙。"咖啡小聚的那天下午，我对我儿子宣布："我预期今晚会有三十个人来，请你把椅子预备好。"

"哇，三十个！妈，这里坐不下三十个人。"里昂坐在沙发上，身子往靠背上一倒，嘴里提出异议。

"也许坐不下，可是我要三十张椅子备用。你只要把它们叠起来放在一起就行了。"我说道。

那天晚上来了二十五个人，饭厅的椅子、钢琴前的长凳子、里昂从远东宣教会交谊厅借来的折椅，都坐满了人；我们那张长而舒适的矮沙发上就坐了五个人。喝完咖啡、吃过点心，也有一段令人难忘的彼此认识之后，我就请蒙杰分享上帝对他和莉莉的带领。

蒙杰由他年少时与耶稣基督相遇说起。谈到他决定攻读牙科医学，然后再说到海地之旅的所见所闻如何使他心碎，如何使他有一个负担，要在那里创办一所牙科诊所。

他说话时，我悄悄环视了屋内每一个人的表情，只见怀疑已经化为和蔼的激赏。有些人脸上呈现出深受感动的表情。上帝用这个完全奉献给耶稣基督的简单见证，使人产生了属灵的饥渴。

蒙杰往下说的时候，我突然听到一阵恶兆的爆裂声，是由那张负荷过重的沙发脚所发出来的，它可怜地摇晃了一秒钟，就没有礼貌地垮了下来，硬是把坐在上面的五个人抛在地板上。我还来不及思考就做了个祷告："主啊，这下子怎么办？这完全不符合我的计划呀！"

但是我的困惑和尴尬，很快就被满屋子的笑浪声吞没了。大家将矮沙发撑起来以后，莉莉就开始分享她自己的见证，说到她也有和先生一样的异象。接着，有人就插嘴问："我们怎么帮助你到海地去？盖那座牙医诊所的事怎么样？需不需要支持？"这就是我们宣教事工咖啡小聚的发轫。许多家庭或单身妇女开始敞开他们的家，"请你们到我家来坐坐"。他们邀请他们的邻居，"我们有个朋友来了，很希望你能过来认识认识。他曾到海外传福音，他这一次来是想把耶稣在他生命和异国人士中所行的事告诉大家。"

我从来没想到有这么一天，上帝会用这样一个简单的小点子，来帮助许多宣教士到他们的工作区去；而且在这个过程进行当中，许多家庭得以重建，许多生命也因此得以改造；我就是其中一个。

第七章
以赞美面对哀伤

当上帝继续透过服事来赐福我时，我却在家里和两个成长中的孩子奋战。那常令教养孩子的单亲疲于奔命的问题，我也遇上了，我极力要成为一个成功的母亲。

我们从洛杉矶搬到绿木镇的那一年，里昂十二岁，罗娜十岁。过了一年，就像生命突然苏醒一般，十三岁的他有了微妙、惊人的改变。那个一向温和安静，偶尔才会和妹妹吵吵闹闹，总爱讨妈妈欢喜的小男孩，不知现在到哪儿去了？

突然之间，在里昂的眼里，妈妈成了天下第一号公敌。每天下午放学后，当他那一头密密的黑发和高大硕长的个子出现在家门口时，家里马上充满了紧张的气氛。我强装快乐的笑容问他："今天怎么样？"他不肖理会，也不吭声，昂着头大步跨进自己的房里，把伸缩喇叭吹得满屋响，以表无言的抗议。

他的房间越来越脏乱，像个灾区，书籍散页、工艺劳作的碎片、解体的收音机零件，散乱地到处都是。我坚持一定要他整理一下。他却射出愤懑的眼光："你为什么老说我不好？你就从来没要罗娜整理过房间。"

里昂素有音乐的天赋，他在伸缩喇叭和吉他上都有很大的发展潜力；可是现在他对音乐的品味变了。他开始对节奏狂热，也对刺耳的流行音乐深感兴趣。他一走进客厅，就会把我喜欢的轻音乐节目转台，转到播放摇滚乐的电台去，然后把声音开到最大。

这时罗娜总会哀求："妈，声音一定要这么大吗？"我一提出抗议，里昂就会用一种受伤害的眼神瞪着我，指控着说："来啊，尽管随意命令我，就像对小孩子一样管我好了。这小小的一点快乐你尽量拿去，我痛苦你最高兴了。"

为了让孩子长大成人，母亲最痛苦的事，莫过于领悟到自己必须松手让他去。现在当我张开手臂拥抱他时，他就会甩开我的手臂，明显地表示他不自在；当母亲的想要亲他一下更是一大禁忌。

他现在把厨房视为女性属地。请他合作帮忙洗碗、做些杂事，也开始遭到拒绝。里昂才十三岁，但是他却希望自己是二十一岁，下意识里，他已经日渐在寻求担任一家之主的地位。

当我邀请一些妇女朋友到家里来用饭，或和我们全家一起出游时，里昂就会满肚子不高兴，仿佛只要有成人在场，就会威胁到他在家里的领导地位一样。

"妈"，有一天我的朋友们告辞后，他马上就爆发出来。

"如果你一天到晚请你的朋友到家里来，我想我最好搬出去住。"

渐渐地，里昂开始对我的权威挑战。他为什么老是得顺服一个有许多短处的人？只不过隔夜的工夫，他就拥有一份惊人的洞察力，一种可以立即分辨出大人们言行不一致的天赋，特别是对我的言行。要他指出我有哪些不一致的地方，他绝不客气。

"噢，这个星期怎么又要我倒垃圾？你上星期不是说过我不必倒吗？"他会提出反问。

"哦，我忘了。"我说着好话。

"是啊！妈，不过那是另一回事。你的记性真是太糟了。不是忘了这个，就是忘了那个。"

许多当母亲的总是告诉我，女孩要比男孩子容易教养。现在我终于明白他们的话了。打从一开始，罗娜天生就一副不服输的个性，而平衡这个特点的，则是她明理、清晰的脑子，再加上她最得人缘的开朗性格。

罗娜善解人意，显然我们母女连心，关系很密切。这也引起里昂的不满："你偏心"。

花时间和罗娜在一起，就是解决她一切问题万灵丹。所以我们常在一起：烹饪、裁缝、养狗、也一起计划儿童布道的节目。

若说里昂喜怒无常，罗娜则外向、好动、充满进取和自信。我觉得她承袭了她父亲那浓厚的领导气质，再揉合丰沛的想象力。

她做事负责的态度，远超过她年龄的成熟度。尤其她是一个值得信任的保姆。有一次，她替邻居一位在写硕士论文的太太看孩子，一看就看了一个月。在学校里她的表现优异，远超过任何父母的期望。我们搬到加州去时，她甚至跳了一个年级。她一向尊敬权威、父母和师长。不过，有一次教师在上课时，讲了粗话，她却勇敢地站起来反对他。

总之，罗娜是一个乖女儿，令我那挣扎中的独生子里昂对这个妹妹羡慕也不是，嫉妒也不是。九年级结束的那年暑假，里昂就宣布："妈，我想我要离家到外面去住。"然后他又加了一句："如果我能供养自己，我一定搬出去。"最后他说："但是既然我还没办法，我想我还是留在原地好了。"

我像那些受挫折的基督徒父母一样，一次又一次地，进到房里，跪在上帝面前倾心吐意："主啊，我现在多么需要汉立，里昂也需要他！主啊，在这一切挫折中，你在哪里？我好虚弱。就是在这里，主，就在这为人父母的事上，我需要你拿去我的软弱，使它化为你的力量。我需要答案，我不知道怎么办？我以前从没有教养过青春期的孩子，我做错了什么？我哪里需要改变？在《圣经》里说过：'你们中间若有缺少智能的，应当求那厚赐与众人……的上帝。'是的，主，我缺少智能，求你赐给我。"

我渐渐有了领悟，就开始做一些改变。我了解过去一向视自己为一个"好帮手"。我在母兼父职这样一个特殊角色上，一向追求家里的和睦，一直不愿意在领导方面拿出强硬作风，指示明确方向。如今我领悟到，孩子有时也需要一些限制及指引他们确定方向。

现在，如果有件事会大大影响到他们人格的成长，我不会再像过去一样问道："你做这个或做那个，好不好？"我会说："我期望你做这个。"我定下的家规不多，但是有几条我绝对贯彻执行，有两条则是明文规定，不必解释理由：每天只能有一个小时听那种大声的音乐；吃饭时，为了在餐桌上有思考性的对话，不准看电视。出乎我意料之外，里昂和罗娜都接受我说这话的地位。事实上，他们似乎很高兴我这么做。

保持沟通线路的畅通，是所有人际关系的基本原则。这个原则对很在乎自己的隐私权的年轻人，有时不太容易执行。但是，我还是孜孜不倦地努力。往往我一句："今天课上得怎样？"只能换来简单的字的回答；但是我发觉有些话题可以引发至少一些思想性的口头对答。例如谈论运动、音乐、某些学校的活动或是他们的朋友，我甚至发现里昂对政治感兴趣。

下一步是困难的部分。《圣经》上说："**要彼此认罪**"（雅五16），这意味我也要在孩子面前认罪吗？是的。他们已经在我身上看到许多弱点，我若有虚假，他们也早已看穿了。我何不跟他们谈谈我的短处，然后恳请他们帮助我？

在上帝的帮助下，我做到了。是的，我对我自己的孩子认错（自己的罪）。我在里昂和罗娜面前认了那些罪，请求他们宽恕我。之后，我很快就发现，孩子们看到我这母亲认错了，他们也能自在地承认他们生命的软弱。

最后，上帝让我明白，我必须把里昂的未来完全交托在祂的手中。我是不是一直都一厢情愿地希望里昂有一天会成为牧师，就像他父亲一样，至少他得全时间服事上帝？在我四周围的朋友当中，若有一个孩子当了传道人或宣教士，那将是父母亲的最高成就。如果里昂将来当推销员、艺术家或属世的音乐家，我能接纳吗？"主，我愿顺服，他是你的，请随你的意思使用他。我只求他能爱你，一生为你而活；无论你为他选择什么职业。"

因着里昂带给我的挫折感，上帝在教导我一些功课。祂好象在对我说："你能为我在里昂身上所做的赞美我吗？你所看到的也许只是灰心；但是你能赞美，真正用信心发出赞美吗？"当我开始操练自己感恩、赞美的心时，我不仅注意到里昂身上有些正面的特质，也学会在双方不受窘的情况下，对儿子发出诚挚的称赞。

"你想知道昨天晚上里昂在青年团契聚会时，说些什么吗？"有一天一个教会的青年人问我。

"当然想呀！"我答道。他说："里昂说'我很想念我的父亲，但是我发现耶稣比父亲更亲，祂也成了我的好朋友。'"

里昂开始用他的音乐恩赐表达他对基督的爱。他和罗娜及我们邻居的女儿白辛蒂三人开始在一起唱歌，也一起加入教会的一个唱诗班。诗班名叫诗帕克思（SPARCS），经常应邀到各基督教音乐会中演出。他们赞美耶稣基督的快乐歌声，常常吸引心灵受创的年轻人归主。

朋友们也谈起在里昂身上发现领导的特质。他是教会青年团契的主席，在各教会间的《圣经》知识测验比赛中也很活跃。他参加的那个小队是常胜军。个性测验显示，他在语言技巧及音乐方面有非凡的能力。有一天他去听了在韩国担任牧师的吉维廉博士一场鼓舞人心的演讲之后，回到家就对我说："妈，我想主可能有一天会呼召我去韩国做青年工作。"

"主，我知道了，你还是继续在行神迹。"我对主说。

对于这样的神迹，赞美是很容易的，但这样的神迹却也和里昂和罗娜的猝逝，成了强烈而令人痛苦的对比。那个寒冷的二月天夜晚，当那位身穿制服的警官出现在我家门口时，他的话撞击我，刺穿了我的心，猛烈得令我瘫痪。"您的两个孩子和他们的朋友，不幸刚刚丧生了。"我仿佛是站在自己身边一个毫无牵连的观众，正看着一出悲剧上演。当然，下一秒钟我就会从这个噩梦中醒过来。

丹尼和汉立过世时，那幽谷是缓缓临到的。那时，我有时间做心里预备，振作起来面对那阴郁、无可幸免、终成定局的失落；这一回幽谷骤然临到，猛烈地一口把我吞噬、卷入黑暗的深渊。但即使在这样的撞击下，尽管思维已昏眩，我内心却有一股甜蜜、神奇的意识涌上来。我知道上帝那永远的大能膀臂与我同在：**"我虽然行过死荫的幽谷，也不怕遭害。"**（诗廿三4)

那话几乎不自觉就流了出来："警官，我知道他们现在在那里，他们和上帝在一起。"我转身关上门，一股安慰的大浪涌了过来，我知道上帝早已为我预备了一个属灵的大家庭，在我遭受试炼时给我支持。我该先打电话给谁呢？瑞芬洛。我和汉立去环球旅行时，芬洛曾来和罗娜住过一段日子。过去几年来她一直是我们的朋友；她在教会做青年工作，也和我们的两个孩子很亲近。我拿起话筒："芬洛，"我颤抖着："孩子们刚刚发生意外去世了。我需要你，你现在能过来吗？"

芬洛来了，我们亲爱的邻居伊雷和佩德、我的老板何迈夫和他的夫人可丽也来了。他们抱住我，陪着我落泪，也为我祷告。也只有同属基督肢体的，才能明白并了解这种在生命黑暗时刻里拥有的安慰和甜蜜。

消息传到莉莉耳中时，她人在海地，正在款待一群到海地做布道工作的信徒。这些信徒知道这个消息后，立刻为莉莉的旅费奉献。通常，飞机票早就销售一空，必须很早订票才有位子。可是那一天，那么凑巧就有一个位子空了下来。

当莉莉从前门走进来抱住我时，她可以感受到上帝已着手做了一件特别的事。"姊姊，"她说："千万人中为什么是你呢？我真不明白。但我知道上帝正在为祂的荣耀做一件永恒的事，而且我已经可以感受到祂在你身上做了一件特别的事。"

在这个时刻里，我格外感受到上帝的圣灵正用超自然的力量托住我；主内弟兄姊妹的爱心、安慰，也化为一股力量在支持我。尽管如此，黑暗的阴影仍时常在心头倏忽而过。很快地，我心里想，我就会坠落下去，摔得粉碎，受伤沉重，无人救助。我感觉那悲剧会缠绕不去，旧的伤口又会因新伤而裂开，又会再一次经历那虚空：失去头胎儿子和失去汉立的虚空，那卷土重来的忧郁。接着，我感觉到上帝温柔地责备我一句话："如果今天我能扶持你，你不相信明天我也能吗？"

孩子过世的消息透过电视和广播电台的播送，朋友们在电话中奔走相告而传到世界各地后，我觉得自己在那浪潮似的祷告和爱中漂浮了起来。那是我从未认知的爱，整个世界都洋溢着爱，从每个毛细孔徐徐地溢出来。难道这就是加略山之爱的奥秘吗？这就是唯有十字架当前，才能了解的大爱吗？我不知道别人是否能在我这必朽的生命里分辨上帝的灵，扮演一个既神圣又矛盾的角色？这个角色就是：当上帝允许痛苦临到时，祂在祂儿女身上所投注的爱也最深；当祂护送祂的儿女通过死阴幽谷时，祂也最靠近他们。

当我知道自己成了上帝子民祷告和关爱的特定对象后，我感受到前所未有的卑微。我到底做了什么好事，配得这样的爱？什么也没做，丝毫没做什么。这全是祂做的，我突然对恩典有了一个新的领悟。

孩子们去世的第二天早上，似乎上帝有意拉开一片窗帘，使我能一窥天堂的景象。那是喜乐满溢的地方，里昂和罗娜都在那里。他们对我说："妈，你也分享我们的喜乐好不好？爸在这，哥哥丹尼也在。我们正在庆祝，你和我们一起庆祝，好不好？"

　　当我在构想追思礼拜的形式时，就开始有个越来越深的感动，觉得那必须是一个快乐的庆祝会。里昂和罗娜认识耶稣，也深爱祂。他们已经坦然为耶稣活过，也曾把耶稣的福音传给其它人。既然是他们的主召唤他们回到那蒙福和永远的家，我们怎敢说他们死得太早，这不就是值得庆祝的原因吗？

　　但是，我也犹豫起来了。因为有些人不会谅解，一个母亲要为她孩子的死举行庆祝会？他们会怎么想？我疯了吗？没有骨肉之情吗？有毛病吗？麻木不仁吗？他们能明白我所领受的吗？那天早上稍晚的时候，教会里有一群青年人到我家来。我就把追思礼拜改成庆祝会的想法告诉他们。他们居然回答："您知道吗？这正是我们的想法。我们一直不敢跟您提，因为我们不知道您会有什么反应！"

　　于是我们就着手计划一个庆祝会。请诗帕克诗班来唱几首里昂和罗娜生前喜爱的轻快的诗歌；我也请了我们恩福布道团一个朋友高德堂，来献唱"王就要来了"这首诗歌。

　　瑞芬洛陪着我到殡仪馆去。棺木掀开时，我感到很困惑。他们是怎么处理里昂的？是不是他的脸残碎得不成样子，他们必须为他整容？这个躺在棺木里的人不知是谁，看起来一点都不像我的儿子。"他头发这样梳，对不对？看起来自不自然？"殡仪馆里的人问我。"有点不太对，"我喃喃的说："这不是里昂，对不对！"芬洛也插了一句："一定是弄错了。"果然出了差错。车祸发生之后，里昂的尸体和他朋友裴克棠的放错了，而被运回克棠在爱荷华州的家乡去了。

因此，当务之急就是赶紧把错误矫正过来。要不是因为我知道里昂已经撇弃他这属世的躯壳，在新天新地享有一个自由自在且完美复活的新身体，我的心已受平抚安慰，否则这样的错误真的令人懊恼。

为里昂和罗娜举行庆祝会是得胜、喜乐的美好见证，见证他们生前的信仰；这也是我们原来计划的目标。会后，有几个教会青年走了过来。"希望您不要误解我说的话，"其中一个开口说道："因为，我觉得幸好是他们去世，不是我。他们早已预备好了，而我却没有。我一直在做假，现在，我想告诉您的是，今天我把自己的生命完全交给耶稣基督了。"其它的青年也告诉我，因我孩子的死，他们又重新把自己的一生奉献给耶稣。

格林威尔学院的教授郎博士也写了信来。他说："虽然我们这有限心思不能明白，但是我们知道上帝是从来不误事的。惟有到永恒那天，眼前这悲剧所带来的一切果效才会显明。我们深信这件事已经对全校每位同学产生了影响力。"

追思礼拜过后第二天早上，电话响了，传来一个年轻妇女的忧愁声音："我在地上的一张报纸上看到了那消息，吃了一惊。"她说："真是你的孩子吗？""是的，"我答道："是我的孩子，我失去了我的宝贝，可是我也在庆祝，因为他们在世时已经预备好要见耶稣了，现在他们是和祂在一起。"

接着我听到她啜泣。"你知道吗？施太太，我还没预备好去见耶稣。"她说。我请她到我家坐坐，就在那天下午，她做了一个祷告，邀请基督进入她的生命。

凡有过哀伤的人都知道，丧家最感困难的时刻，是乍闻悲剧时的震惊，和葬礼过后自己不再是众人关心的焦点时。震惊已渐平复，生活还要继续。但是所爱的人去了，留下了疼痛的伤口，这个世界也因此无可幸免的变了，变地僵硬而陌生。这种生命要如何继续下去？

但是，当我沐浴在祂众儿女的爱中时，上帝曾给我一个应许。祂用微小的声音对我说："如果今天我能照顾你，你不相信明天我也能照顾你吗？"主啊，现在就是你所说的"明天"了。

圣灵再一次引导我去看约伯记。这是我有生以来第三次，这些有圣灵居在其中的宝贵经节，再一次展现它们奇妙的功用。上帝说："**谁用无知的言语，使我的旨意暗昧不明……我立大地根基的时候，你在哪里呢？你若有聪明，只管说罢。**"（伯卅八2～4）不，没有人能完全了解、彻底明白上帝的旨意。因此，祂才把信心赏赐给我们，要我们借着信心将那些想不透的事交在祂手中，直到答案揭晓的日子。

我翻开《圣经》〈雅各书〉五章11节："**那先前忍耐的人，我们称他们是有福的。你们听见过约伯的忍耐，也知道主给他的结局，明显主是满心怜悯、大有慈悲。**"

"我在约伯身上所做的，"上帝就像在对我说："也要做在你身上。"

一个心爱的人突然去世，尤其是因意外去世的，常留给一息尚存的亲人一种含糊又残酷的罪恶感。我这当母亲的是不是曾怠慢过职责？太相信孩子了吗？太放纵他们了吗？

不论这个意外是怎么发生的，我已经把儿子教养成一个遇事负责的男子汉，这点我很受安慰。自从高二那年拿驾照以来，他开车一向谨慎小心，表现出敏锐的判断力和平实的作风。

当我在脑海中回想孩子们的一生和我的一生时，一些思想也开始进来。我是不是一个聪明的基督徒母亲？我曾否帮助孩子建立他们处事的优先次序？曾否协助他们辨明生命中许多令人困惑的抉择，而把无关紧要和那属永恒的事分别出来？上帝在思想中安慰我说，最重要的那些事我都做了。里昂和罗娜都已经认识主，而且也把自己的信仰传给他人。

人人都有一死，这必然的结局具有一股不可思议的力量，它快速的一击，就可以调整一个人的价值尺度，这价值尺度往往会在紧张狼狈的现代生活中迷失。

我现在多么感谢上帝，因为尽管当时生活中有各种不容懈怠的要求，教会里也总有永无止境的服事，但是我总知道带领孩子信耶稣的重要性。记得有一天，罗娜问我："妈妈，我怎样才能知道自己是个基督徒？以后我死了会上天堂吗？"如今一想起，我真的衷心充满感谢。因为当时我并没有三言两语就敷衍了事，而是乐意、渴望去带领一个小孩（我的孩子），进入上帝的国度里。

过去，我真的努力要使基督成为我们家的中心，虽然有失败的时候，但是我现在却心存感谢，因为早在那时候我就知道上帝要高举软弱的人。祂曾使我在自己的孩子面前认错，且请求他们的宽恕。

当我想起里昂和罗娜时，一些令人难忘的回忆就带给我无法言喻的安慰：想起他们独自在房里翻开他们那画满记号的《新约圣经》，专心一意看的样子。他们两个在学校里一向就是名列前茅的好学生，但是最令我感到欣慰的，却是他们把耶稣和同学分享，看得比化学或英文成绩拿到优等还重要。现在我一点都不后悔当初我常常花时间和孩子们建立友谊；野外烹饪、养狗、做裁缝、促膝长谈、甚至进行运动、音乐、政治和宗教等方面的辩论。

如果要我对全天下的父母呼吁一段话，这段话就是：每天你在孩子面前活出来的样式，就会把你整个人的价值体系教给他们，但却有好多为人父母丢给孩子一套谬误的价值观。甚至有些基督徒父母在孩子面前，也是过着以金钱物质为重的生活。从永恒的角度来看，那些都属空幻虚无，徒具美丽耀眼的外表而已。至于满足个人的野心和博得人一时的喝采，在永恒中都归于徒劳。

死亡使这首诗的真理更为突出："仅此一生，很快就过去；唯有做在主身上的，永远长存。"

如果你想用一次短短的讲道或借着从容敬虔的劝告，把这样的真理教给你的孩子，那你就错了。唯一能使孩子了解、相信、接受它，然后活用在生活上的方法，就是让他们看见你言行一致过基督徒的生活。在日常生活中，我们要坦然为基督耶稣而活，也要把祂的福音分享给这失丧的世界；但第一要务是示范健全的优先级。

第八章
主内满足

当我在各教会、家庭或是妇女退修会中作见证时，最常被问的问题是："您经历了大儿子患白血球过多症去世、先生因霍吉金氏病早逝、仅存的两个孩子又突然在车祸中丧生这一切事，您怎么还能相信上帝是慈爱的？您怎么还能继续面带微笑赞美主，还述说祂的美善？这是不合常理的！"

我的回答是：《圣经》从来没有说因为我们是上帝的儿女，就得以免去人生所要面对的种种严厉现实。《圣经》上记载："**人生在世必遇患难，如同火星飞腾。**"（伯五：7）尽管上帝在我们身上倾注无数的福气和美善，但事实上，祂的独生子（也就是祂所最爱的）所受的苦也最大。

上帝要我们在祂独生子的性情上有份。因此，纵然痛苦会拦阻我们浅薄、属肉体的心思去明白上帝是施慈爱的上帝，然而经过火炼的基督徒，都会和法国哲学家巴斯葛一样学到一个高等逻辑："人内心深处的理念，是理性所不能了解的。"在属灵的开心手术中，上帝使用的最锐利器具就是痛苦。为什么？因为只有在死中，我们才能学到活的功课，只有在舍弃一切之后，才知道什么是真正的获得。

既然上帝爱我们，只容许美善临到我们，所以我们只有在复活的观念下，才能了解苦难的意义。复活的大能，意味着基督徒所受的一切苦难，都会引发祝福，正如同基督由死里复活一样。

痛苦所带来的另一个祝福，就是使属上帝的人从生命中渐渐体验圣灵奇妙的安慰能力。有很多基督徒过着胆怯、没有果效的生活，那是因为他们还没有把握住这个真理。

我喜欢用一个方式来思想这件事：我们每个人都有灵性低潮的时候，会垂头丧气、灰心失望。然而当我们走进一个屋子里，发现那里坐着一群认识我们、了解我们、爱我们的朋友时，我们和他们坐在一起，就会立刻感受到他们温馨的友谊和爱，这友谊和爱正伸出隐形的手臂在安抚、拥抱、激励我们。就像圣灵在我们生命中的工作一样，如果我们认定祂，也默想上帝智能的话语，并容许祂在我们身上做奇妙的工，祂就会永远在那里教导、鼓励、安慰、提升我们。

祂为什么要这样做？〈哥林多后书〉一章 4-5 节说：**"我们在一切患难中，祂就安慰我们，叫我们能用上帝所赐的安慰，去安慰那遭各样患难的人。我们既多受基督的苦楚，就靠基督多得安慰。"**

若没有基督与祂话语的同在，我早就把苦难视为刑罚，而报之以愤怒、不平、苦毒、自怜和消沉。然而，上帝的话已经教导我，受苦有其正面的意义。我一直在找寻这些正面的意义，以便遵循上帝在《圣经》〈帖撒罗尼迦前书〉五章 16 ～ 18 节的教导："**要常常喜乐，不住地祷告，凡事谢恩。因为这是上帝在基督耶稣里向你们所定的旨意。**"有人问我，在生离死别这种漫长的痛苦深渊中，我如何自处？在回答这个问题的时候，我总是鼓励他们要培养三个单纯的态度：首先，要培养一颗感谢的心，把心思放在上帝透过苦难要为你成就的一切事上！

〈雅各书〉一章 2 ～ 4 节提到我们的信德得以建立，〈腓立比书〉三章 10 节也说我们要因此更认识基督，〈希伯来书〉十章 32 ～ 34 节说我们前面有更美的产业，〈哥林多后书〉四章 17 节讲到我们目前的苦楚，和将来要得的那永远福分与荣耀相比之下，是至暂至轻的。

第二，只要照罗勃疏勒牧师的指示去做："化伤痕为星辰"。每个困难中总有新的良机，让我们发挥创造力，把人带到基督面前。但是，要找到那样的良机，我们必须忘记过去。

第三，去发现永恒的优先级，在自己的家里或透过世界性的宣教工作，竭力为主作见证。因为世上有千千万万的人从未听过耶稣。

在里昂和罗娜返回天家之后，我发现自己有更多时间，能投入自己和妹妹、妹婿的家庭茶会事工上。我要向我的邻里们传福音。这样的工作，使我更确信一般信徒参与宣教事工的非凡价值。上帝不仅用这样的家庭茶会，化解基督徒对整个失丧世界的漠不关心，也用它来带领我们未信主的邻居归向祂。我期盼自己能全时间投入这样的事工，于是我向我的上司何迈夫提出我这个负担。

有一天，迈夫请我到他办公室，对我说："芬德，上帝正透过你的家庭聚会，做一件意义非凡的事。如果你觉得祂正在带领你投入这样的事工，我们想祂一定会要我们放开你，使你有更多时间去投入那样的工作，你愿不愿意安排自己的工作时间表？"

因此，国际宣教会很快设立了"家庭聚会"部门。在五年间，有一千多个家庭报名参与这种为宣教士开放的家庭茶会。

在十年中，我跑遍许多州的家庭和教会。上帝就使用这样简单的家庭茶会，让数以千计的信徒家庭向他们的邻居和朋友传福音。这些和宣教士建立友谊的家庭，也因此将他们的关怀伸展到海外许多文化中。

这个问题的答案在于看重个体：每一个人。如果你我每年都能训练一个基督徒，使他成为一个宣教士，而他在那个未曾接触福音的地区，也每年训练一个能训练别人的基督徒。如此扩展下去，在三十三年之内，一个人就可以对超过四十亿的人传福音。很遗憾的是，当今的美国，在二千五百个基督徒当中，才有一个宣教士。当我们遵行上帝的命令去训练门徒、教导传福音的大使命时，并不是每个人都会有反应；所以我们都必须训练很多人，才能看见有更多人到世上没有福音的黑暗地区去工作。

因着这个需要更多任务人来传福音的异象，我深信，征募青年人来宣教，是宣教事工中很重要的一环，因此我就一直在这件事上寻觅可行的机会。今天有许多青年人从未听过基督的救恩，这是人类最大的悲剧。我再有什么困境，与之一比，就显得微不足道了。

借着我在基督教大学校园中为海外宣教士作见证的机会，我需要向那些有兴趣参与海外事工的人作跟进的工作。在一九八三年，上帝给我个机会到台湾参与英文教学的短宣，这样的亲身经验，有助于我的征募工作。那期间，我爱上了中国人民。同时上帝也在台中国际宣教会赐给我许多栽培初信者的机会。在那里，我得以在全世界人口最众的中国人中间作预备和训练的工作。

第九章

台湾连结情

一九八三年，有个机会让我到台湾亲身经验短期的宣教工作，所获得的喜乐是我始料未及的。

我第一次上英文《圣经》会话课时，就有学生带礼物来，他们邀请我到他们家里做客、邀请我去参加节庆、爬山和赴宴。他们耐心等待机会，练习几句简单的英语会话。他们会问："《圣经》写什么？""耶稣基督是谁？""怎样才能有平安？""生命的意义是什么？""为什么世上有痛苦？""你怎么知道有上帝？""耶稣为何不是中国人？""我能不能来你家参加查经班？"等等。

从前在我心中只有自己的孩子们以及无奈的空虚和寂寞。但如今上帝在我寂寞、空虚的心中装满了祂对青年人的爱，使得我不舍得离开了。

那原本计划两个月的教学宣教后来延长到好几年。家庭茶会的事工后来变成了家庭查经事工，协助许多短期宣教士开办中英双语的查经班。我也很兴奋地加入夜间教授英文《圣经》的福音事工，其中包括由一位著名的美国记者所负责，每日在十七个电台主要时段播出的英语教学节目、冬夏令英语营、青年聚会、以及同聂喜乐宣教士所主理的夜间英文班活动。

有一位精力充沛的女士（她原是将军的女儿）在她家里开办了查经班。她把狗拴起来、接电话、沏茶、翻译、照顾家庭，也向好多妇女传福音，她家的查经班到如今还在进行。许多参加查经班的妇女都曾回到中国大陆，向当地人和邻舍传福音。

不少成绩优异的学生以及其它几位台湾的姊妹都曾担任过我的翻译和同工。今天，她们都成了明亮的灯火，在台湾和大陆服事主。

我记得使徒保罗的话：**"我却不以性命为念，也不看为宝贵；只要行完我的路程，成就我从主耶稣所领受的职事，证明上帝恩惠的福音。"**（徒廿 24）在炎热的骄阳下，我骑着摩托车去参加家庭查经会，心中充满有意义的生命所激发的喜乐，因为我深信这些话和行动有着永生的重大意义，这些人的信仰能一直保持纯正吗？

经历多时的代祷后，有一位蔡姊妹的父母在一个周末都信了主，他们本来是拜偶像的。几个月后，蔡妈妈说："我得买一部洗衣机，因为我需要读《圣经》和探访的时间。"

今年圣诞节，有另一位姊妹寄来圣诞卡写着："我收到最好的圣诞礼物，那就是我的父母接纳我！我们又团圆了！"她曾因信主而被逐出家门。

还有一位医生的夫人拿了两大本相簿给我看，里面满满装着她在信仰封闭的国家带领人信主的照片。

有人曾问我："门徒训练为什么那么重要？"我由其它宣教士得到的答案是："如果不做门徒训练，那么，刚信主的人一遇到难处，就会放弃信仰。"有时，所谓"门徒训练"就是教导。但是，"门徒训练"更常在我们日常生活中发生。所以，我盼望朋友多为我祷告，愿我的生命天天为基督做真实的见证。

第十章
又见幽谷的得胜

结束在美国六个星期的事工后，一九九〇年三月我回到台湾，热切期待加入六月的训练会，训练一百多位大专院校学生和亚洲的青年来建立团队，一起到亚洲七个国家去传福音。一个三月天晚上，我穿过神学院校园，往宿舍的方向走去，未料另一个可怕的悲剧正等着吞噬我。

回到宿舍，进入厨房，我看到墙上猛然闪过一个黑影。我探头看了隔壁的洗衣房，发现有个人微微地弯着身待在那里。这人生病了吗？他（她）是神学院学生，还是我室友的朋友？住在这老房子里的三个室友都是短期宣教士：安雅蓓、邝凯琳、华凯洛。她们几分钟前才带着课本，赶去上英文查经课。

"你在这里做什么？你怎么了？"我出声问。

突然，一个穿着运动服的男人跳了出来，他一把抓住我的手腕，迅速熄了灯。在急切中，我用中文对他说："耶稣爱你，我为你祷告。"他全然不理会我的挣扎，硬把我拖进卧室。在我高声呼救时，他重重地把我摔在地上，并用枕头盖住了我的脸。

一阵恐惧如浪袭来，我明白他的意图，我全然无助。我唯一能做的就是告诉主，我的身体是属于祂的。

这入侵者强暴了我，然后把我丢在全然黑暗的房间里。

在颤栗中，我快速奔到邻人贝宗棠家里，他们打电话通知中台的本地同工张弘道老师。我们报了警，几十位身着制服的警员来到我们的校园，一向传福音不遗余力的张老师也抓住机会，向在场的所有警员做见证，并给他们每人一份福音单张。靠着神给我的特别力量，我向警方叙述了事件的经过，后来也去医院做检查。虽然我觉得不可能抓到那暴徒，但我仍同意若是警方抓到那暴徒，我会坚持起诉他。

事情过后，撒但一直攻击我的心思。主真是全然无能吗？祂容许这噩梦发生，祂有什么目的？但是，当我思考《圣经》的话语时，主挪去了我的困惑，并以平安充满我。我感谢主，那些和我同住的年轻妇女没有受害。在祂的宝血遮盖下，我确信自己在祂面前是纯净的，而这可憎、严酷的经历是主用来预备我在某些新事工的服事。

那个星期天早晨灵修时，〈哥林多后书〉一章8～11节的信息好似专门给我的：

"……我们不要你们不晓得，我们从前在亚西亚遭遇苦难，被压太重，力不能胜，甚至连活命的指望都绝了；自己心里也断定是必死的，叫我们不靠自己，只靠叫死人复活的上帝，他曾救我们脱离那极大的死亡，现在仍要救我们，并且我们指望他将来还要救我们。你们以祈祷帮助我们，好叫许多人为我们谢恩，就是为我们因许多人所得的恩。"

我开始感谢主，袖拯救我的性命。后来我才又知道，那暴徒以前还曾杀过人。

在祷告中，主鼓励我公开将这经历告诉人，并且请求他人的代祷，不单为自己，也为我们的传福音行动，以及所有同工的安全代祷。

那天早晨，在我祈求主为袖做见证之后，一群警员带着鲜花和水果来看我。感谢主，我那时手上有《三过幽谷》中文版，所以就送了几本给几个警官。

当我把这痛苦的经验说给我在台湾的所有宣教士同工听之后，上帝来到我们当中，袖释放了我们的泪水和祷告，使我们更亲密地连结在一起。但是，把这事说给台湾的同工听比较不容易。为了不让他们感到脸上无光，我很确定地告诉他们，这种暴行在美国也会发生。台湾同工也哭了，上帝使我们融合在一起，有了新的合一和目标。

我们妇女查经班的翻译李姊妹来和我一起祷告。我该把这事告诉她吗？她会不会觉得上帝错待了我？或许她会凭信心接受这件事？但她说："〈罗马书〉十二章1节说我们将身体献上当作活祭。查经班里有许多年轻妇女遭受虐待，她们的心还不肯饶恕，受愤怒所捆绑，很有可能上帝要借此加深你对这些年轻妇女的服事。"

我觉得十分欣慰，我也想到最受虐待的一群妇女是台湾数以万计的妓女，她们也需要我的服事和关心。

我在海地担任护理宣教士的妹妹莉莉寄来的信，给了我宝贵的安慰，她说：

当我在主前为你身上的十字架祷告和哭泣时，我不得不认定是上帝一时挪开袖的翅膀，容许撒但攻击你，要为你开更宽广的事工之门。主耶稣说祂不会叫我们离开世界，乃是要留我们在世界；也就是说，我们会发生意外、疾病，以及其它邪恶的攻击。但是，就像上帝应许我们，撒但所做的不会超过祂允许的范围。

我的祷告是：愿邪恶得不着任何荣耀，愿恐惧离开你的心思和意念。

在旧约《圣经》里，哈拿说："……**我因被人激动，愁苦太多，所以祈求到如今。**"（撒上一 18）为响应她的祈求，上帝行神迹，使撒母耳诞生。也许唯有借着愁苦，今日这个世界所迫切需要的神迹才能"诞生"吧！

上帝显明这创痛经验发生在我身上的一些目的：

● 那强暴者、窃贼、杀人犯被抓到了。他是一个以上帝的形象被造，却受撒但幻觉所捆绑的人。他生长在破碎的家庭，目前已离婚，有一个儿子。他说每逢他看到春宫图像时，总有一个"东西"临到他身上。

是上帝的恩典，使我有力量和张弘道老师一起到死刑犯监狱去看他。"你若是今天死去，你会上天堂吗？"张老师问他。

"不，我会下地狱。"他答。

"若是你想上天堂，你会怎么做？"张老师继续问。他说"我不知道"后，张老师就把耶稣的福音告诉他，并送给他《圣经》，以及我们的《圣经》函授书籍。

● 除了保守我脱离死亡和疾病之外，上帝也给我一颗宽恕的心。我赞美祂，因为祂在加略山上被钉时，赦免了那些钉祂的人，为我立下了榜样。

祂也给我那爱我、倾听我心声的朋友和安慰
者。羞辱不再存留，因为我的身体是属于主的；祂
也继续给我机会，让我能把希望带给心碎的人，使
他们为神所用，去医治其它的人。

● 虽然受到这事件的震憾，我们的宣教队伍仍继续以
火热的心进行暑期的所有事工。借着屈膝的祷告和
穿戴上帝所赐全副"军装"（弗六 11 ～ 16），我
们寻找进行属灵争战的武器。当我们聚集时，我们
的焦点就放在以下的事上：

1、一颗纯净的心 "我们若认自己的罪，上帝是信
实的，是公义的，必要赦免我们的罪，洗净我
们一切的不义。"（约壹一9）

2、圣灵的膏抹 "你们虽然不好（与上帝相比之
下），尚且知道拿好东西给儿女，何况天父，
岂不更将圣灵给求他的人么？"（路十一13）

3、上帝的智能 "你们中间若有缺少智能的，应当
求那厚赐与众人、也不斥责人的上帝，主就必
赐给他。"（雅一5）

4、上帝的保护、天使的帮助 "天使岂不都是服役
的灵、奉差遣为那将要承受救恩的人效力么？"
（来一14）

5、一颗感恩的心 "要常常喜乐，不住的祷告，凡
事谢恩。因为这是上帝在基督耶稣里向你们所
定的旨意。"（帖前五 16 ～ 18）在这贪婪和浮
滥充斥的世界，感恩和慷慨显得更为必要。

6、宽厚慷慨的心 "你们既然在信心、口才、知
识、热心和待我们的爱心上，都格外显出满足
来，就当在这慈惠的事上，也格外显出满足

来。"（林后八7）

既然明白自己对传福音和设立教会的强烈使命感会招来撒但猛烈的攻击，我们就依据〈启示录〉十二章11 节的经文，肯定自己的得胜："**弟兄胜过他（撒但）是因羔羊的血和自己所见证的道。他们虽至于死，也不爱惜性命。**"

我的侄女泰咪知道我的遭遇后，写了以下这首诗：

湿润的伤痕

在上帝宝座前扑去地板
我踢着脚、呐喊着
想知道这事怎么会发生：
不，不，不！
静躺在地上，全身疲累，
在愤怒中我低泣。
在上帝的大殿中，
沉默是唯一的声响。
直到最后止住不平之鸣，
我才听到落泪的声音，
由地板往上看，
我看见扎着钉痕的一双脚。
我看见那脚，
浸湮在泪水中。
我是在那颗心的面前，
就是那颗了解更大痛苦、
更大悲悯、更大忧伤、
更大慈悲的心。
在静默中，我躺卧着
敬拜、爱慕那湿润、有伤痕的脚。

我的心思在恐惧的折磨中，或被上帝的大爱所充满？每天早晨我醒过来时，就有经文告诉我上帝爱我。在如此的默想中，我有五种态度坚信不移，因为上帝并不偏待人，所以这五种态度的福分也是你的。它们是以基督在十字架上的死为中心，带来内在深层的医治：

1、我是深深被爱的 "上帝爱世人，甚至将他的独生子赐给他们，叫一切信他的不至灭亡，反得永生。"（约三16）

2、我已得到完全的赦免 "我们若认自己的罪，上帝是信实的，是公义的，必要赦免我们的罪……"（约一一9）

3、我完全可爱 耶稣说："我爱你们，正如父爱我一样！"（约十五9）

4、我完全被接纳 "你们得救是本乎恩，也因着信（耶稣）……"（弗二8）

5、我在基督里是完全的 "因为上帝本性一切的丰盛，都有形有体地居住在基督里面，你们在他里面也得了丰盛。……"（西二9～10）

我的台湾同工张姊妹梦见我的心在一个水晶球里。那球破碎了，但是我的心却因耶稣的爱依然跳动，我想这就是上帝的神迹。

那年夏天是我们收获最丰盛的一季。有一千多人听到福音，其中有许多人还是第一次听到，有一百多人献身服事基督。透过这项亚洲学生福音运动，来自许多国家一百四十位青年人受训练，奉献他们的假期，在七个亚洲国家传福音。结果数以千计的生命受到永生的震憾。

上帝赐给我对传福音一种新动力和急迫感。我感受到这个失丧却迫切在寻找希望的世界，极需基督徒的见证。在上帝的驱动下，我回到美国，协助装备新宣教士的事工。

一九九一年九月，在说了许多次痛苦的"再见"后，我离开了台中的家。车子驶过我所熟悉的市场、高楼、山峦、稻田……仿佛才一瞬间，桃园国际机场已在望……。而我生命中的另一章已开始。

在回家途中，我在韩国短暂停留。韩国教会素以活泼有力著称，而我数次造访也留下许多特别的回忆。我所亲爱的宣教士柯杰平夫妇来接我。我们谈着韩国，谈着将任国际宣教会新总裁的事，然后，他们很振奋地开始告诉我最近去俄罗斯的情形。

回到美国绿木镇总部后，我有了新的职位。我问主："主，你要我在向全世界（包括俄罗斯）传福音的事上，扮演什么角色？"

过了不久，柯杰平宣布国际教会将加入"宣教联盟"。"宣教联盟"是一个由八十个福音机构组织而成的协会，为响应独立国协教育部（C.I.S. Ministry of Education）的呼吁，派送宣教士赴俄罗斯，协助当地的教师教导基督教伦理及道德观。他们的目标是：至一九九七年能协助一万二千名教师。

一九九二年六月，在一次宣教士研习会中，我遇见了祁培尔夫妇。培尔在军中服役时学了俄文，后来在德国驻地担任翻译官。"我们多年来一直祷告，愿俄罗斯传福音之门能大开，"他们说："现在，我们迫不及待地想去。"

兰诗和我在肯塔基州威尔摩市共同主领一个妇女祷告研习会，研习会的名称是："上帝对破碎的心和破碎的世界之响应"。研习会中我们有一个来自俄罗斯的特别来宾，她的名字是可蕾拉·奎席尔，是一个教育人员。她鼓励我们把"三过幽谷"这本书译成俄文；并表示愿意协助我们发行出版。

《三过幽谷》俄文版发行之后，我收到许多来信，下所列的只是其中的几封，说到在那长久拒绝福音的国度中，人们读了这书，找到上帝的恩典。

亲爱的可蕾拉：

长期处于官僚商场，我恐怕早已不知如何使用日常生活的语言了。出于礼貌，我没有当面拒绝您上星期给我的那本书。我向来很少阅读任何与宗教有关的书籍，因为对我来说，这一类的书不是太高尚，就是枯燥乏味或太过教条。

所以，当我在家翻开那本书时，不过就是闲来好奇，同时也想看看您译书的风格。很快的，这些想法全被抛诸脑后。我完全被书的内容所吸引，而只想一口气将它读完。

我觉得这实在是很难用英文来解释清楚，就算用俄文也不容易。《三过幽谷》这本书已经使一个无神论者用完全不同的方式来看《圣经》，知道它不仅是一部古老的文学作品，而且还带着更深远的意义。作者在书中坦率吐露真情的程度，真是令人感到十分讶异。它同时使人感到又震惊、又受感动与激励。

我实在无法想象故事的主角是如何面对那些苦难，如何走过来的……。后来我把这本书给了谭雅。她读了故事的部分情节给她的母亲听，然后，就这样继续了下去……。你开始思想，自己所遭遇的不幸，其实算不了什么。这本书对于那些自觉不幸、不快乐、看不到生命意义的人，显得特别重要。

我的小安娜是家族四代里第一个学习《圣经》的，而那教导通常是很难令人理解，实在是因为没有太多人能教导这些微妙的事。

——欧葛

* * *

亲爱的施芬德：

您的书使我大为震惊。书中使用一般人理解的语言来描绘情感。您一生经历伤痛与胜过苦难试炼的榜样，使许多在俄罗斯的人得到很大的安慰。

这本书为许多苦难的问题提供了答案：

为什么我要受这么多的痛苦？为什么我不能快乐？相信您对神话语的了解，并将祂的话语活在生命中，帮助了许多人信靠神，而不因祂允许临到我们的苦难而发怨言。

我要将这本书送给那些需要安慰和忠告的人。不幸地，许多俄罗斯人并不认识神。因为我们向来被教育成无神论者，并且去逼迫神的仆人。但如今俄罗斯的人们已经开始寻找神了。特为此书深致谢忱。

——玛丽亚，一位大学生

* * *

这本书拯救了许多孤寂与面临自杀边缘的人。当我读这本书的时候，禁不住泪流满面。但这不是一般的眼泪，而是有感于基督从不离弃我的大爱，喜极而泣的眼泪。芬德，我主内亲爱的姊妹，有许多人想读您的书，因为它为苦难带来了从神而来的答案。

—— 以利娜

一九九三年八月，神让我参与训练两百五十位预备前往独立国协许多城市的基督徒教育人员。无数个为俄罗斯所献上的祷告，都一一被神回应了。

第十一章
步行有益身心

我快速踏过晶莹的白雪，打开车门，发动我那辆老车，昏朦的晨光还停驻在地平线上。

我快步走在温暖的绿木购物中心的室内通道上。这是我忙碌的一天开始之前的运动。九年的海外生活，我觉得自己在美国本地像个陌生人。所以当国际宣教会总部同工波焕妮、韩若诗、艾雅霖邀我参加她们在购物中心的快走运动时，我就想："有何不可，也许借此可以重新适应美国，还可以顺便更新老友谊。"

那天早晨所读的诗篇曾带来安慰："**上帝在祂的圣所作孤儿的父、作寡妇的伸冤者。上帝叫孤独的有家……**"（诗六八 5~6）。我就祷告："主，谢谢你给了我许多朋友，也赐给我一个宣教大家庭，但你知道我生命中的寂寞，愿我的心深深地注视你，使我不去注意那些寂寞。"

就在我大步迈向购物中心出口时，一位男士叫住我。"你还记得我吗？"他问。惊讶之余，我努力在记忆里搜寻这张似曾相识的面孔。"柯孟礼。"是的，我想起来了。

一九七二年，孩子们发生意外后，柯孟礼有一次曾来参加我主领的一个研习会。后来，我们曾一起吃过几次午饭，谈"忧伤"的意义。那时他刚丧妻，我觉得他似乎有意想和我多认识。我记得他曾说过："你下次回国时，请拨个电话给我。"

后来我回国后，心中很犹豫。我那时心想，自己向全世界传福音如此投入，似乎应该心无旁骛。后来，我听说他又结婚了。

"孟礼，你的家人好吗？"我问他。"我太太去年去世了，"他答道："我还是和上次我们谈话时的状况一样，在悲伤中。你想我们可以再见面吗？"

就在这时，我肃然感受到上帝的同在，就好象孩子们发生车祸后的情形一样。那就是上帝的大平安临到，我似乎可以听到上帝在说："你或许不能明白这事的全貌，但是我掌握这件事，不要不敢打开心门。"

一起吃饭，一起在公园里散步、会见家人和朋友、一起敬拜神和祷告，我们的友谊增长了。孟礼和我发现彼此有许多共同点：都生长在保守的循理派家庭、都住过加州、西北部、中西部和亚洲。我们都热爱旅行、摄影、运动、与家人聚集，也都爱朋友。孟礼一直都想更投入宣教。就在相处和分享中，我们的爱成长了。一九九四年六月二日，我们订婚了。

九月二十四日，在他第四次赴非洲肯亚世界福音医院进行短期事工之后，我们在他可爱的家中举行婚礼，以后并在绿木镇的社区教会举行婚礼茶会。就在同一天，上帝不仅赐给我一个爱我的丈夫，还有四个子女及他们的配偶，以及五个孙子。在主里，我们都成了好朋友。

　　孟礼曾是医生，还是医院的院长，药厂的药学专科医师，现在他退休了。他的家距离我服务的国际宣教会总部约三英里路，而他长期钻研摄影技术，正好可以在我们进行事工旅行时，为国际宣教会所用。

　　上帝真是恩待我，祂赐给我这么一个爱我的丈夫，而这人也同时是我的私人医生、行政人员、谘商员、司机，最重要的，他还是我的祷告同伴。是的，我相信我们的婚姻真是天作之合。

　　上帝的作为何等美！祂实现祂的应许，满足我们最深切的渴望。我们在世上行走时，祂的爱仿佛遮着奥秘的面纱。**"天怎样高过地，照样，我的道路高过你们的道路，我的意念高过你们的意念。"** （赛五五9）

第十二章
最好的还在后面

在整本《圣经》中，我们看到上帝的应许及它们所包含的深刻意义，如同鲜红的线一般交织着。虽然某些应许有具体的时间或地点，但是还有一套应许是不受限制的。我们的信心虽有试炼，但上帝仍始终如一守着他的诺言。

人堕落之后，《圣经》说到人类道德的恶化。上帝要亚伯兰离开他的本族（创十二 1~3），往一个陌生的地方去时，曾给他四个主要的应许，它们的效力代代相传。这些应许包括对万国的祝福，就是《圣经》历史的中心，这些应许给我们新的信心。

其中一个给我们每个人的应许，是上帝要赐下"公义"或是一个"伟大的名字"。名字在亚洲的文化中有重大的意义。〈罗马书〉四章 23~24 节："**算为他义的这句话，不是单为他写的，也是为我们将来算为义之人写的，就是我们这信上帝使我们的主耶稣从死里复活的人。**"

如此的礼物是任何人都夺不走的，甚至在我们的人格或名字遭受攻击时。这个"义"的恩赐是耶稣在〈马太福音〉五章 6 节中所应许的："**饥渴慕义的人有福**

了，因为他们必得饱足。"没有任何一个幽谷可以夺去我们因信耶稣而得的公义名号。

上帝也应许让每个信他的人成为大的祝福。但这也表示，祂要在我们的品格和软弱上动工。现在我可以看出上帝在过去是用生命中的幽谷和峻岭来教导我依靠祂。祂把成为万国福分的影响力赏赐给我们。因着这些应许，我们内心深处渴望改变这个世界的心得到满足。你也是耶稣拣选的，只要活出忠信和悲悯，上帝就使用你祝福万国。

我们读到正直的约伯也受试验。他所受的试验，最后结果为何？〈约伯记〉四十二章 10 节、13 节、15 节、16 节说，他后来的景况倒比先前还好。

上帝会履行祂的诺言吗？我的个人见证就是一个大大的"会！"

无论在任何年纪，我相信我们都必须记得：最好的还在后面。祂应许我们，在祂崭新、永恒的国度，就是一切痛苦都不再存在的国度里，为我们预备一个地方。有一天，我们都要站在耶稣面前，我们必须问自己：到那时，什么是重要的？

你愿意让祂的慈爱流过你吗？你也可经验到〈以弗所书〉三章 20~21 节所说的盼望："上帝能照着运行在我们心里的大力，充充足足地成就一切，超过我们所求所想的。但愿祂在教会中，并在基督耶稣里，得着荣耀，直到世世代代、永永远远，阿门。"

下面几页是向你解说如何亲自认识上帝。当祂的爱流过你时，就轮到你用生命来谱写祂的奇妙作为了。

附录
新生命的盼望

你曾尝过失去盼望的滋味吗？也许你也曾因失去而痛苦，无法想象一个美好的明天。看见战争、疾病和周边的罪恶时，你曾否问过自己："上帝真爱我、爱我的国家吗？"

人的问题

虽然人是按上帝公义、道德的形像而造，虽然《圣经》上说上帝爱我们，愿意把平安、充满爱、有意义、有目的的生命赐给我们，可是，我们怎样才能找到这种生命呢？

《圣经》上说，我们的祖先曾是受祝福的：

"上帝就照着自己的形像造人，乃是照着他的形像造男造女。上帝就赐给他们……"（创一 27~28）

《圣经》上说，我们的祖先因不尊重上帝而失去祂的祝福。

我们的祖先亚当和夏娃受撒担的试探，叫他们不相信上帝对他们说的话。他们听信撒但，选择了善与恶的知识，就是包括了解并经历痛苦与死亡的知识。

上帝说："惟有园当中那棵树上的果子，你们不可吃，也不可摸，免得你们死。"（创三 3）

撒但说："你们不一定死。因为上帝知道，你们吃的日子，眼睛就明亮了，你们便如上帝能知道善恶。"（创三 4~5）

《圣经》上说，人人都犯了罪。我们做了错误、独立的选择。"因为世人都犯了罪，亏缺了上帝的荣耀。"（罗三 23）

例如亚当和夏娃因选择慈爱的上帝所禁止的问题，而犯了罪，当我们选择远离慈爱的上帝，过着独立、自我导向的生活时，我们也犯罪得罪上帝，而每次抉择都带来后果。

〈罗马书〉六章 23 节："因为罪的工价乃是死，唯有上帝的恩赐，在我们的主基督耶稣里乃是永生。"

《圣经》上说，基督来了，成为平安的祭，乃是要把上帝的祝福带回来给那些听祂、顺服祂的人。

这位圣洁的上帝，在祂圣洁的三位一体（父、子、圣灵一体）里，为我们的罪，献出祂自己为圣洁、可悦纳的祭。这事是出于祂的计划，借着祂的独生子耶稣基督而成就，也就是借三位一体的"子"得成就。

借着耶稣的死和复活，我们如今得以接近那圣洁的上帝，因为我们的罪已蒙赦免。因着认识祂，我们得到祂的平安、引领、力量和永生。

如何亲自认识上帝

上帝要我们个人来经历祂圣洁的爱。因此，借着祷告，你就可以凭着信心接待基督进入你的生命。当你这样做时，上帝就从天差下祂的圣灵（也就是基督的灵）来住在你的里面。如此，你就接受了新生命，是由上帝而来的永远的生命。

以下的祷告可以表达你心中的意愿：

"上帝，谢谢你差耶稣来。耶稣，谢谢你因爱我而在十字架上代替我死。我现在打开生命的门，接待你成为我个人的救主和生命的主。谢谢你赦免我的罪，并进入我的生命中，接纳我成为你永远的儿女。愿你成为我生命中的最爱、我的带领者和生命的主。求你帮助我越来越像你。"

若是你做了这样的祷告，就可以告诉别人说你已成为一个基督徒。

你可以开始到一个相信《圣经》的教会参加团契或聚会。

重生——通往上帝平安之路

当你祷告接待基督时，上帝就赐下新的生命。这个新生命就称为"重生"。在《圣经》里，耶稣说："我实实在在的告诉你，人若不是从水和圣灵生的，就不能进上帝的国……我说，你们必须重生，你不要以为稀奇。风随着意思吹，你听见风的响声，却不晓得从那里来、往那里去。凡从圣灵生的，也是如此。"（约三 5-8）

这个"重生"不仅证明（或见证）上帝的爱和同在，也把一个"新的性情"注入我们里面，使我们能依一个新的道德伦理（就是依着上帝的标准）为上帝好好地活。我们就好象一个属灵的新生儿，一旦"从圣灵而生"，我们就必须借着祷告和默想《圣经》基督的生命样式，每天学习以新的方式来思考和生活。如此，我们就借着耶稣，和圣洁的上帝建立起个人的关系。

耶稣说："我留下平安给你们，我将我的平安赐给你们。我所赐的，不像世人所赐的。你们心里不要忧愁，也不要胆怯。"（约十四27）

国际宣教会
简　介

　　国际宣教会（OMS International, Inc.）的前身为"远东宣教会（The Oriental Missionary Society）"，在中国的事工始于一九二五年，在台湾始于一九五一年，在香港始于一九五四年。著名灵修书籍《荒漠甘泉》乃由国际宣教会创办人之一的莉娣·考门夫人（Lettie Cowman）所印行，目前该书已发行中文、日文、英文、西班牙文及其它语言等版本，再版次数达一百廿四次之多。广受欢迎的"荒漠甘泉"节目正透过广播，每天向大陆播送。

　　国际宣教会的事工，目前包括亚洲、独立国协、欧洲、南美洲及加勒比海区的三十二个领袖训练中心。这一个福音布道组织自一九〇一年创会以来，即以向全世界传扬耶稣基督的福音为宗旨，而受其所训练的福音工人更是无数。国际宣教会所设立、服事的全球教会目前已超过 5572 所，现仍以每周设立四个新教会的速度增加中，事工的范围包含：医疗、农业、广播、英文教学、文字、职业训练、教育，以及社会关怀及监狱事工等，均是以人的整体需要为福音工作的重点。

国际宣教的工作伙伴在台湾有：救世传播协会（空中英语教室）、世界展望会，以及其它福音事工机构。

以下列出国际宣教会全球通信地址及电话：

OMS International addresses:

USA: Box A, Greenwood, Indiana 46142, ph.317-881-6751.

Australia: P. O. Box 897, Ringwood, Victoria 3134,
            ph. 3/9899-4600

Birtish Isles: 1 Sandileigh Avenue, Didsbury, Manchester
            M20 3LN, ph. 161/283-7992.

Canada: Box 33522 Dundurn Postal Outlet, Hamilton,
            Ontario L8P 4X4, ph. 905-528-8723.

Indonesia: Kotak Pos 88, Malang 65101 Jatim.

Hong Kong: P. O. Box 95266 TST, Kowloon, ph. 2777-7271.

Japan: 1-30-1 Megurita, Higashi Murayama Shi,
            Tokyo 189,   ph. 423/91-3071.

Korea: Whagok P. O. Box 69, Seoul 157-600, ph. 2/554-3509.

New Zealand: GPO 962, Hamilton, ph. 7/839-2144.

Philippines: P. O. Box 13020 Ortigas Center, Pusig 1600,
            ph. 2/721-9217.

South Africa: P. O. Box 640, Roodepoort, Transvaal 1725,
            ph.11/672-0487.

Taiwan: P. O. Box 26-110, Taichung 404, Taiwan, ROC,
            ph. 4/225-7181.